Dife Tou Limen

Liv Lekòl Dimanch ak Etid Biblik

Dife Tribò Babò - Se Tòch Nimewo 11

Pastè Renaut Pierre-Louis

Si w bezwen enfòmasyon sou liv yo ak brochi nou ekri yo, ou kap kontakte nou nan adrès sa yo :

Peniel Southside Baptist Church
P.O. Box 100323
Fort Lauderdale, Fl 33310
Phone: 954-242-8271
954-525-2413
Fax: 888-972-1727
Website :www.penielbaptist.org
Website :www.theburningtorch.net
E-mail:renaut@theburningtorch.net
E-mail :renaut_cyrille@hotmail.com

Copyright © 2015 by Renaut Pierre-Louis Tout dwa sou liv sa rezève @ Rév. Renaut Pierre-Louis

Atansyon : Se yon bagay ki kont la lwa si yon moun ta kopye liv sa ou byen yon pati nan liv sa nan nenpòt kèk fason, ke se swa nan enprimri, ou fòto, ou CD san w pa gen otorizasyon ekri sou papye de lotè liv la.

Liv nou yo ekri nan twa lang toujou : Franse, Angle ak Kreyol.
Nou kap achte yo nan adrès sa yo :

Michel Joseph:
192-21   118 Rd   St Albans, N.Y. 11412
Phone: 917-853-6481   718-949-0015

Rév. Julio Brutus:
P.O. Box. 7612   Winter Haven, FL 33883
Phone: 863-299-3314 ; 863-401-8449

Rev. Edouard Georcinvil
725 NE 179th Terr N. Miami Bch, FL 33162
Phone: 305-493-2125

Rév. Evans Jules:
Eglise Baptiste Bethel
5780 W. Atlantic Ave   Delray Beach Fl 33444
561-452-8273   561-266-5957

Iliana Dieujuste
2432 Indian Bluff Dr   Dracula, GA 30019
Phone: 954-773-6572

Dife 11 Seri 1

Ti koze pa m ant mwen sèl ak Bondye m

Avangou

Nou toujou di lè n'ap priye : Senyè, ou di nou « kan dezoutwa ini ansanb pou priye, ou nan mitan nou ». Eske se sèlman nan lè sa Bondye asepte vini nan mitan nou? Eske m pa kapab priye Bondye mwen menm sèl ?

Lè mwen louvwi Bib la, mwen jwen gen anpil sèvitè ki chita pou kont yo ap pale ak Bondye. Nou pra-l wè jodia, ki sekrè ki genyen nan devosyon nou, nou menm sèl ak Bondye.

Mwen di mèsi

Mwen bay Bondye glwa paske li mete pawòl sa yo sou kè mwen. Li va ankouraje nou a priye pou kont nou, pou nou fè zanmi pèsonèl ak papa Bondye.

Nou di mèsi tou a frè Dimitri Doirin pou lide li te bay nou sou fason pou nou ranje Dife a, pou kretyen k-ap patisipe pi byen nan Lekòl Dimanch la.

Nou remèsye tou, tout moun ki abone Dife a e ki soutni nou nan priyè yo. Gras a yo Dife a ap rete Tou Limen.

Pastè Renaut Pierre-Louis

Leson 1
Pouki sa mwen fè ti koze m apa ak Bondye

Vèsè pou prepare leson an : Nob.12:8; 2Wa.5:8; Am.3:7; 1Kor.6:19-20; Ef.2:10; 3:20; Fil.2:13; Jak.5:5
Vèsè pou li nan klas la: Ef.4:11-12
Vèsè pou resite: Se Bondye ki fè nou. Nan Jezikri li kreye nou pou nou ka fè anpil bon zèv nan lavi nou, dapre sa li te pare davans pou nou te fè.**Ef.2:10**
Fason pou fè leson an: Diskou, konparezon, kesyon
Bi leson an : Prezante lòm tankou sèl reprezantan Bondye anwo latè.

Pou komanse
Pami kreyati Bondye kreye yo se sèl lòm ki kanpe tou dwat. Bondye kreye-l pou-l dominen sou tout bagay. Se sèl Papa Bondye ki gen dwa dominen sou li. Kouman sa fè fèt?
I. Bondye te bezwen gen yon manedjè sou tè a.
   1. Se tout nòmal. Nou menm wè ki jan li pran Adan pou reprezantan-l sou tè a. Adan li menm, li sanble tèt koupe ak Bondye ki fè-l. Bondye chita nan la vi nou. Li fè bitasyon-l nan nou pou-l kare-l ak Dyab la. 1Kor.6:19-20
   2. Puiske Satan anba bò isit la, Bondye dwe la tou pou mete-l nan wòl li.
   3. Tanke legliz egziste, batay kont Satan la pi rèd. Se Jezi ki pou fè final nan batay kont Satanledyab.
   4. Konsa Bondye dwe gen moun pa-l ki gen rèspè pou li, moun li kap pale ak yo lè li vle. Nob.12:8
II. Chak gouvèman dwe gen repzantan-l
   Tout sèvitè Bondye yo konn sa. Pou egzanp nou ka site Moyiz, Jozye, Eli, Elize ak Amos.

III. **Bondye vle sipèvize don yo li mete nan nou.**
  1. Jak di menm ke li fè jalou pou Lespri li li konnen li mete nan nou. Jak.5:5
  2. Li vle chita nan la vi nou pou l kap aji. Fil.2: 13
  3. L-ap kontwole tout zak nou fè, paske se li ki fè nou, li konnen li gen dwa aji nan nou. Ef.2:10; 3:20

Pou fini
Si Bondye ta vle chwazi ou menm sèl kòm reprezantan l, ou pa ta kontan?

Kesyon

1. Pouki sa Bondye vle gen reprezantan-l sou tè a? Pou li kap jere la tè.

2. Ki pwojè Satan gen pou legliz Kris la? Li vle detwi-l.

3. Pouki sa Bondye mete Lespri-l nan nou ? Pou li itilize nou tankou ti oto li, pou-l mennen nou kote li vle.

4. Eske li mete Lespri sa nan tout moun ? Non

5. Pouki sa? Paske fòk ou gen fwa nan li

Ekri vèsè nou jwen nan Nob. 12 :8

Leson 2
Se yon randevou nan gwo kote de 2 gwo mistè

Vèsè pou prepare leson an Lev. 11:44; Job.36:26; Mat. 5:23-24; 6: 14-15; 17:2; 28:20; Tra.1: 8; 24:16; 1Kor.12:4-6; Gal.2:20; Kol.3:13; 1Tès.5:23; 1Pyè.1:15

Vèsè pou li nan klas la: Jen.1:25-27

Vèsè pou resite: Bondye kreye moun. Li fè l' pòtre ak li. Li kreye yo gason ak fi. **Jen.1:27**

Fason pou fè leson an: Diskou, konparezon, kesyon

Bi leson an : Mete lòm kanpe tankou se te yo foto Bondye.

Pou komanse

Si nou ta vle pale de yon rankont an sekrè ak Bondye, ki jan ou ta va rele-l? Mwen pa twò bezwen konnen ki non wap bay li. Yon sèl bagay mwen konnen, se you relasyon ant de gwo fòs.

I. **Se de mistè ki rankontre.**
  1. Bondye se yon mistè.
  2. Puiske li fè lòm sanble tèt koupe avè l, lòm tou se yon mistè. Job.36:26
     a. Bondye ap fonksyonen dapre yon pwensip de yon sèl Bondye nan twa pèson. Papa, Pitit la ak Sentespri a. Mat.28:20; 1Kor. 12:4-6
     b. Menm jan tou, li fè lòm fonksyonen dapre yon pwensip ki gen twa eleman la dan : Se kò a, nanm nan ak lespri a. 1Tes.5:23
     c. Puiske lòm pa kapab konprann lòm kanmarad li nan twa pwensip sa yo, ki jan li ta va fè pou-l konprann mistè Bondye saa?
        Kan lezòm pa kapab konprann ou, yo jije w mal e se yon bagay ki fè w mal.

II. **Rankont ak Bondye saa reklame de pwensip.**
  1. Pwemye pwwensip : Gen yon pisans ki pou soti nan syèl la. Tra.1:8
     Pisans sa desann pou li loje nan kè lòm.

2. Dezyèm pwwensip: Lò ki chita anba sou tè saa, dwe genyen nan li menm kapasite èspirityèl pou resevwa pisans sa kap soti anwo nan syèl la. Li kapab tèlman debòde ke li fè li klere pou moun pa kapab menm gade w nan je. Mat. 17:2
3. Sentespri a aji nan kò, nan nan m ak nan lèspri lòm. 1Tès.5:23

III. Men gen kondisyon pou li desann.
1. Vi moun nan dwe pwòp. Lé.11:44; 1Pye.1:15
2. Bondye dwe konsilte kè w e li dwe twouve-l san repwòch devan li menm e devant lèzòm kanmarad nou. An nou ekri vèsè saa : Tra. 24:16

   _____

   _____

3. «Zafè de fè pale de w, sa dwe sispann.
4. An nou ranpli plas vid yo ki anbaa :
   «Se sak fè se pa mwen ka p viv ankò, _____ Se Kris _____ Gal.2:20
   a. Ou dwe dedomaje moun ou fè di tò, moun ou te pale mal de li pou detwi repitasyon l.
   b. Ou dwe fè eskiz, fè pitit devan moun nan ou ofanse a.
   c. Ou dwe admèt erè sa ou te komèt la.
   d. Ou dwe dedomaje moun nan pou afè-l ou gate. Mat.5: 23-24
   e. Ou pa dwe fè rankin ni prepare w pou w vanje Mat.6: 14-15; Kol.3:13

Pou fini
Si Bondye pat chwasi okenn kote pou l fè la desann, eske li ka p chwazi kè w?

Kesyon

1. Koman nou konsidere yon randevou ak Bondye? Se tankou de mistè ki rankontre?

2. Ki sa ki mistè nan Bondye?
   Mistè de twa lespri ansanm pou li fè yon sèl Bondye

3. Ki sa ki mistè lezòm?
   Li gen kò, nanm ak lespri pou fòmen yon non m.

4. Ki jan Bondye travay nan kè lòm?
   Li pran lòm tankou se te yon rad ou foure kò w ladan

5. Ki kondisyon lòm dwe ranpli pou li sa resevwa pisans saa?
   a. Vi li dwe pou-l pwòp.
   b. Konsyans li dwe pwòp
   c. Li dwe tou prèt pou li padonen moun kifè-l tò, li pa gade yo nan kè-l.
   d. Li dwe pou li dedomaje moun li gate zafè-l.

Leson 3
Mouvman pou-l al jwen ak Bondye

Vèsè pou prepare leson an Jos.5:14; Sòm.29:4; 42: 1-12; 95: 1-2; Eza.45:19; Jer.29:13; Mat.7:7; Jak.1:6
Vèsè pou li nan klas la: Sòm.42:1-6
Vèsè pou resite: N'a chache m', n'a jwenn mwen paske n'a chache m'ak tout kè nou. **Jer.29:13**
Fason pou fè leson an: Diskou, konparezon, kesyon
Bi leson an : Fè kretyen yo gen yon swaf pou rankontre ak Bondye

Pou komanse
Te gen yon jou pèp Izrayèl repwoche Bondye, e li di konsa : « Ou menm Bondye saa, ou renmen sere pou moun pa wè w » : Eza.45:15 Mezanmi, ki gwo akizasyon saa ?

I. Bondye pa janm aji an kachèt
  1. Li pa pale an kachèt. Eza. 45:19; Sòm.29:4
  2. Li parèt sou ou sanzatann. Li pa janm anreta.

II. Sèlman gen kondisyon pou w sa wè-l.
  1. Fòk ou chèche-l ak tout kè w san w pa gen vye panse nan tèt ou. Jer.29:13
  2. Fòk ou konte sou li. Ou pa dwe gade a pwoblèm nan men a solisyon an. Mat.7:7
  3. Fòk ou gen la fwa. Si ou doute de Bondye, se tankou ou te bay li yon souflèt. Jak.1:6
  4. Fòk ou pran randevou sa oserye paske se pi gran privilèj ou genyen! Mat. 6:6

I. Ma p poze w kesyon jodia : Ki jan ou te chèche-l?
  1. Eske se te tankou kabrit mawon ka p rele pandan la-p kouri dèyè dlo pou-l bwè? Sòm.42:1
  2. Eske w santi kè w ap brile w anndan si tèlman ou gen swaf pou rankontre ak Bondye? Sòm.42:3
  3. Eske ou gen larekonesans pou sa Bondye fè pou w?

Pou fini

Si w vle Bondye pran ka w oserye, bat pou w serye e sonje pran randevou saa oserye.

Kesyon

1. Pouki rezon nou di ke Bondye pa aji an kachèt?
   Li parèt pou nou nenpòt ki lè, ni li pafè-l ankachèt.

2. Ki kondisyon nou dwe ranpli pou nou sa wè l?
   a. Nou dwe chèche-l ak tout kè nou
   b. Nou dwe pran randevou saa oserye
   c. Nou dwe gen la fwa
   d. Nou dwe pran Bondye oserye

3. Ki jan nou ka-p eksplike mouvman nanm nou ki ale kot Bondye?
   a. Tankou yon kabrit mawon kap kouri e la-p rele jouk li jwen dlo
   b. Tankou yon kretyen ki gen Bondye larekonesans.

4. Ki lè nou kapab espere ke Bondye reponn nou? Kant nou pran li oserye

5. Ekri vèsè sa nan Sòm 95 :1-2

Leson 4
Yon gwo konvèsasyon an sekrè ak Bondye

Vèsè pou prepare leson an Jen. 12:3-19; 18:17; 22: 12-32; 1Wa.8:27; Sòm.25:14; 139:5; Eza.57:15; Am.3:7; Ef.2:10
Vèsè pou li nan klas la: Jen.15:1-5
Vèsè pou resite: Seyè a fè Abram soti deyò, li di l' konsa Leve je ou, gade syèl la byen. Konte zetwal yo si ou kapab. Apre sa, li di. Pitit pitit ou yo va anpil tankou zetwal nan syèl la.
Jen. 15:5
Fason pou fè leson an: Diskou, konparezon, kesyon
Bi leson an: Moutre ki jan Bondye mete l nan menm otè ak nou pou fè nou konprann li.

Pou komanse
Ki jan nou kap eksplike ke tout linivè twò piti pou pote Bondye, epi men nou jwen li chita nan salon lakay Abraram? 1Wa.8:27
Nou sezi! Ebyen ma p bay nou pou ki rezon sa te fèt konsa:

I. Bondye ap chèche nou pou l fè zanmi ak nou.
   Som .25:14
   1. Si nou respekte-l, si nou bay li lwanj, la p di nou bagay ki sekrè ke pèson moun pa jan konnen.
   2. Se konsa li aji ak pwofèt yo. Jen 18:17; Am. 3:7
   3. **Ii panche zorèy li pou koute moun ki fè piti devan l**. Li dispoze kite twon li pou-l vi n koute sa nou jennen pou di lòt moun. Eza.57:15

II. Li ka p vini pou kont li vinn jwen nou.
   Li kapab toutotou nou, andedan kè nou sou tèt nou paske nou menm se byen prive l. Ef.2 :10

III. Tout moun gen dwa wè jan Bondye beni nou.
   1. Li fè Abraram rich nan mitan tout nasyon. Jen. 12:3

2. Li tèste-l nan anpil fason, men li pa janm pèd Bondye konfyans pou sa. Yo toujou rete bon zanmi.
   a. Gal li fi n bati yon otèl pou Bondye, men la mizè tonbe sou li. Jen. 12: 7
   b. Pita, Ejipsyen yo kidnape Sara, madanm li. Jen.12: 19
   c. Sara pat kapab fè pitit. Abraram te genyen santan (100) e Sara te genyen katrevendizan (90) kan yo te gen premye pitit yo ki te rele Izarak. Jen.17:17
   d. Kan ti gason an te vin gran, Bondye mande Abraram pou li sakrifye l pou li. Jen. 22:12
3. Bondye toujou rete byen ak Abraram e non Abraram toujou nan bouch li.

Pou fini

Si w vle rete bon zanmi ak Bondye, pa rele-l sèlman lè w gen pwoblèm ; fè ti koze ak li detanzantan antanke de bon zanmi

Kesyon

1. Pouki sa Bondye mete-l si ba pou pale ak nou?
   a. Paske li vle fè zanmi ak nou
   b. Se papa nou an menm tan se asoye li nou ye.
2. Ak ki moun li chita pou tanmen koze?
   Ak moun ki fè respè yo e ki bay li lwanj.
3. Ki kote Bondye mete-l lè-l ansanm ak moun ki respekte l?
   Li antoure yo devan dèye e li poze men li sou yo.
4. Ki jan pou moun fè konn sa?
   a. Lè yo wè jan Bondye beni nou.
   b. Lè yo wè nou pa fè betiz nan moman eprèv yo.
   c. Lè li manifeste prezans li pami nou.
5. Ekri vèsè sa nan Matye: Mat. 22:32

_____
_____
_____

Leson 5
Kenbe fèm kan wap defann yon bon kòz

Vèsè pou prepare leson an :1Wa.17:1-24; 18:1-46; 19:1-18
Vèsè pou li nan klas la: 1Wa.17:1-2; 18:15-24
Vèsè pou resite: Reponn mwen, Senyè! Reponn mwen pou pèp sa a ka konnen se ou menm Seyè a ki Bondye, pou yo rekonèt se ou menm k'ap fè yo tounen vin jwenn ou.**1Wa.18:37**
Fason pou fè leson an: Diskou, konparezon, kesyon
Bi leson an : Moutre ki jan Bondye defann repitasyon li byen kant li jwen kretyen ki gen lafwa nan li.

Pou komanse
Depi yon moun ou sèvitè Bondye, ou pa dwe pè pran pozisyon pou Bondye. Nou kapab pran pwofèt Eli pou egzanp. Nou pa konn ki moun kap vin pou fè menm jan tou.

I. An nou wè sityasyon pwofèt la
1. Li te sèl reprezantan ofisyèl Bondye nan tan wa Akab ak madanm li, rè n Jezabèl nan peyi Izrayèl. 1Wa.17:1-2
2. Wa saa te anplwaye 450 bòkò e madanm li te gen 400 bòkò prive-l pou sipòte wayòm nan. 1Wa.18:19
3. Kan Eli wè ni wa, ni rè n nan, ni pèp la pat sou bò Bondye, li mande Bondye pou li bloke lapli nan syèl la. E la pli pa gen dwa tonbe toutotan li pa pase lòd la. 1Wa.17:1

II. An nou wè kounyeya desizyon pwofèt la
1. Li mande pou lapli pa tonbe pandan twazan si mwa. 1Wa.17:1
2. Li lage chaj la sou do Letènèl.1Wa. 17:1
3. Konsa depi tan an chanje komsi li pra l fè lapli, nou fin wè Eli ki ale kot Letènèl pou di-l «sonje ke mwen te mete non w devan pou m pran reskonsablite pou-m di sa.

III. An nou wè kounyeya ki konsekans desizyon saa te genyen
 1. Gen lè bòkò yo akize Eli pou di ke se li menm ki rete la pli a pou l pa tonbe.
 2. Wa Akab menm vire koze lapli pa tonbe saa nan politik. Se konsa li voye rechèch kriminèl al arete pwofèt la. 1Wa. 18:8-12
 3. Li akize-l ke se li ki kòz gen grangou ak sechrès nan peyi
    a. San konnen pwofèt la tou ap sibi konsekans la.
       a. Se zwazo nan bwa ki pote manje pou li. E se nan la rivyè la-l bwè dlo pandan anpil mwa.1Wa.17:3-7
       b. Kan larivyè a tari, Bondye voye pwofèt la fè la desann kay yon vèv pou bay li manje. 1Wa.17:8-9
       c. Sa te lakòz tou ke pèp Izrayèl pat vle wè pwofèt la ak je. 1Wa.18:17, 21
       d. Malgré tou l kenbe la paske li te vle onore Letènèl. 1Wa.18:22

IV. An nou wè jan Bondye li menm li apiye desizyon pwofèt la
 1. Se Bondye li menm ki anonse pwofèt la, pou-l di l ki Lè lapli pra l tonbe. 1Wa.18:1
 2. Konsa kan waa voye arete-l, li bay ni waa ni pèp la yon defi. 1Wa.18: 24
 3. Pwofèt la bay Bondye randevou sou tèt mòn Kamèl pou li sa jwen ak mechan yo e pou li defann repitasyon l. 1Wa.18:24
 4. Men ki jan dife soti nan syèl la pou brile ofrann pwofèt la sou lotèl la devan tout moun. 1Wa. 18:38
    Ekri deklarasyon.pwofèt la. 1Wa.18:36-37

_____
_____
_____

Pou fini

Bondye konn pase nou nan eprèv pou-l wè si nou gen konviksyon pou nou kenbe fè m. An nou kenbe la onon de Jezi.

Kesyon

1. Koman yo te rele pwofèt Letènèl la nan tan Akab te wa an Izrayèl? Eli

2. Ki jan pèp la ta p viv nan tan saa? Li ta p sèvi lwa, li ta p mache kay bòkò wa Akab ak Jezabèl.

3. Ki sa pwofèt Eli te fè lè li wè sa?
    a. Li mande Bondye pou lapli pa tonbe nan peyi a pandan twazan si mwa.
    b. Li bay Bondye tout reskonsablite l nan koze saa

4. Ki sa k te rive nan ka saa?
    a. Wa Akab voye arete-l
    b. Bondye sere pwofèt la bò yon rivyè. Li voye kòbo pote manje pou li de fwa pa jou.
    c. Apre sa li voye-l rete kay yon vèv nan peyi Sarepta pou pran swen-l.

5. Ki jan Bondye sove repitasyon l?
    a. Li fè dife soti nan syèl la pou brile ofrann pwofèt la te pare pou li
    b. Li fè yon delij lapli tonbe sou tè a.

Leson 6
Yon telegram kant gen ijans

Vèsè pou prepare leson an: Da.6:1-28
Vèsè pou li nan klas la: Da.6:1-10
Vèsè pou resite: Lè Danyèl vin konnen wa a te siyen lòd sa a, li al lakay li. Te gen yon chanm anwo sou teras la ak yon fennèt ki bay nan direksyon lavil Jerizalèm. Li moute, li mete ajenou devan fennèt la ki te louvri, li lapriyè Bondye-l' jan li te toujou fè, twa fwa pa jou a. **Da.6:10**
Fason pou fè leson an: Diskou, konparezon, kesyon
Bi leson an : Montre ki jan Bondye vin sove sèvitè li kant li andaje.

Pou komanse
Nan chapit saa, nou jwen Danyèl ajenou nan chanm li, nan yon lè li te sipoze ap travay nan biro Letaa. Koman sa te fè rive?

I. Sete yon ka ki te grav anpil
Yo akize Danyèl kòm moun ki soulve kont Bondye e kont waa tou. Tout anplwaye Leta yo te déjà siyen yon dokiman pou deklare ke yo bay wa Dariyis yon pi gwo grad. Se Dye li ye kounyeya pou trant jou. Lè papye sa vin jwen Danyèl, li di li pap siyen-l. Da.6:7
  a. Nan kèk minit ankò, yo pra-l voye arete Danyèl. Da.6:11
  b. Pa gen okenn avoka ki vle pran kòz saa.
  c. Yo pa respekte li kòm ansyen anplwaye nan gouvèman, li pa gen okenn zanmi ki ka p ede-l.
  d. Fòtin li te ranmanse nan gouvèman Nebikadneza ak Belchatza pap janm ase pou defann li.

II. Yon sèl moun ki ka p sove-l.
  1. Li voye tout swit yon telegra m bay Letènèl.
  2. Se yon mesaj sekrè. Pèson moun pa gen dwa konnen si li voye chèche ranfò. Lèdmi yo pap janm ka p fè yon

demach pou bloke repons Letènèl pra-l voye pou pwofèt la.
3. Li dwe rete san fwa kan lèdmi-l ap fè manifestasyon.
4. Zafè la priyè a te pou Danyèl yon nouriti. Li te pran repa saa twa fwa pa jou. Da.6:10

III. Bondye pa manke l pawòl. Pouki rezon?
1. Bondye te resevwa telegram Danyèl la.
2. Li te li tou dokiman waa ki vle pran plas li tankou li Bondye tou.
3. Li te wè kote Danyèl pat siyen dokiman saa.
4. Li wè yo deside pou jete Danyèl nan mitan lyon pou devore l.
5. Komsi m tande Bondye ki di Danyèl : «Mwen konnen tout konplo yo fè sou do w. Mwen gen adrès kote lyon yo ap file dan yo pou devore w. Mwen menm se Lyon nan tribi Jidaa. M'ap nan mitan yo. Nou pap gen tan pale anpil. Na jwen anbaa.»

Pou fini

Lè w gen ka ijan, eske w toujou sonje voye tout swit yon telegram ou yon email bay Bondye nan la priyè ak lwanj? Si w vle fè sa, Bondye ap kouri kite syèl la kounyeya pou vin delivre w. Pandan map pale avè w la, fè sa m di w la. Wa banm nouvèl.

Kesyon

1. Ki kote Danyèl te ye kan yo te fè peblikasyon an?
   Nan biro-l
2. Ki sa li fè lè li fi n tande-l?
   Li kite biro l, li rantre lakay li pou-l priye.
3. Ki jan Danyèl te pran la priyè?
   Li te pran-l tankou yon nouriti; li pran-l twa fwa pa jou.
4. Ki pozisyon li te pran lè l ta p priye? Li te mete-l a jenou
5. Ki sa nou kwè li t-ap mande Bondye nan priyè saa?
   Li tap di Bondye:Prezans nesesè.
6. Pouki sa? Paske yo pra-l jete-l nan kaj lyon yo pou fè lyon yo manje-l, pou tèt li te refize siyen pou rekonèt waa pou Bondye.
7. Ki jan nou pran priyè saa?
   Tankou yon telegram li voye bay Bondye.
8. Ki jan Bondye te reponn priyè saa?
   Li rive nan kaj lyon yo avan Danyèl pou-l pwoteje-l.

Leson 7
Se yon lit kap mennen andedan kè w

Vèsè pou prepare leson an Mat.26: 56; 27; 27-56; Lik.19:10; 22: 44; 23; 35-37; Jan.1:29; 18:2; 19:30
Vèsè pou li nan klas la: Lik.22:39-46
Vèsè pou resite: Li di: Papa, si ou vle, tanpri, wete gode soufrans sa a devan je mwen. Men, se pa volonte m' ki pou fèt, se volonte pa ou. **Lik. 22: 42**
Fason pou fè leson an: Diskisyon, Kesyon
Bi leson an : Nou vle prezante lapriyè tankou yon gwo batay nanm ou ap mennen nan mitan soufrans.

Pou komanse
Priye pou kont ou pa yon bagay ki fasil. Men si ou vle priye san w pa distrè, ou dwe vini devan Bondye ak yon ka ijan e ou gen pou w chèche yon fason pou w prezante w.

I. Ou dwe gen yon gwo ka
An nou pran egzanp Jezi ki konn priye pou kont li.
1. Li konnen yo pra-l trayi-l, bandonen-l, imilye-l, maltrete l, rouze-l anba chaplèt, apre sa pou yo touye-l.
    a. *Jida ki ta p trayi-l la, konnen kote Jezi konn ye, paske se la Jezi te konn reyini ak disip yo.*
    b. *Lè sa rive, tout disip yo bandonen l ; yo kouri kite l. Mat.26:56*
    c. *Yo krache sou li, yo pran rozo-a, yo ba-l kou nan tèt. Mat.27:30*
    d. *Apre sa, Pilat lage Barabas ba yo. Li fè yo bat Jezi byen bat, li renmèt yo li pou y-al kloure-l sou yon kwa. Mat.27:26*
    e. *Lè Jezi fi-n pran vinèg la, li di: «Tou sa ki pou te rive rive! Apre sa li bese tèt li, li mouri. Jan.19:30*

2. Li konnen ke pa-p janm gen yon lè konsa ankò nan la vi l. Li pa gen jwèt nan sa. Li vini pou-l sove nou. Fòk li asepte yo sakrifye-l tankou yon mouton kap mouri san pale. Jan.1:29
3. Li konnen ke Satan pra-l kanpe la pou bay gabèl, pou di-l desann sou kwaa, kite tout soufrans sa yo. Lik.23:35-37
4. Li konnen ke se li menm sèl ki pra-l monte sou bwa kalvè a. Li konnen tou ke li pa kap chanje anyen nan sa paske se volonte papa-l. Lik.19:10
   Se pwoblèm saa ka-p fatige-l la!

II. **Poutèt saa, li dwe gen yon fason pou-l priye**.
1. Li pa dwe distrè. Jou sa, li te fatige ak bagay li te gen pou-l fè. Konsa akableman te ka-p fè-l dòmi pandan li t-ap priye..
2. Puiske moman an ijan, li te soblije priye byen fò. Pandan la-p lite nan priyè a, l-ap fè yon kòlon jès ak men li. Sa te la kòz li mouye tranp ak gwo gout lasyè. Po kò li vin wòz kon tomat: Lik.22: 44
3. Li te oblije rete sou sa la-p mande Bondye a. Men tout pwoblèm nan, se nan kè-l la-p soufri.

Pou fini

Sonje ke nan gwo konba la vi a, si Bondye pa ak nou, Satan ap pwofite pou-l maltrete nou.
Se poutètsa nou mande Bondye pou-l vi-n sekoure nou, e nou menm mande-l pou-l rete toutan ak nou.
.

Kesyon

1. Ki sa pou nou fè pou nou pa distrè lè n-ap priye?
   Fòk nou gen yon gwo pwoblèm e fòk nou gen yon fason pou nou priye.
2. Ki sak te fè Jezi t-ap soufri konsa nan kè-l?
   Li konnen yo pra-l trayi-l, bandonen-l, imilye-l, maltrete-l, rouze-l anba chaplèt, apre sa pou yo
   touye, ni li pa-p gen dwa defann tèt li.
3. Ki sa ki fè nou kwe ke priyè te tankou yon batay?
   a. Paske li t-ap plede mande Bondye menm bagay la.
   b. Paske gwo gout syè t-ap tonbe sou figi-l tankou boul san.

Leson 8
Se yon rèl pou di Bondye «Anmwe sekou»

Vèsè pou prepare leson an 2Sam.7:14-16; 14:1-33; 13: 28-32; 14: 21-24; 15: 1-46; 2Sam. 15:7-12; Sòm. 3:1-9; 121:1; 118:13
Vèsè pou li nan klas la: Sòm.3:1-9
Vèsè pou resite: Leve non, Seyè! Sove m' non, Bondye mwen! Ou bay tout lènmi m' yo yon souflèt. Ou kase dan mechan yo. **Sòm.3: 8**
Fason pou fè leson an: Discours, Kesyon
Bi leson an : Montre ki jan Bondye vi-n defann nou nan lit n-ap mennen chak jou nan batay la vi a.

Pou komanse
Nan Sõm twa (3) nou wè ki jan David pra-l mouri pou kont li. Li pap chape devan pitit li Absalon ki fi-n wè mò pou touye-l, tèlman li te jalou, mechan e li te gen yon henk kont papa-l. Ki moun ki k-ap delivre-l?

I. An nou wè pouki rezon Absalon te vle touye-l
David pat manke kale pitit deyò maryaj li. Men se yon sèl li pra-l chwazi pou monte sou chèz boure a. Absalon konnen byen ke se pa li wa ap chwazi. Konsa li deside pou-l bay papa-l yon koudeta. 2Sam. 15:7-12
a. Koute-m byen : Absalon te finn touye Amnon, frè li kote papa, paske misye te vyole Tama, sè li kote manman. Depi lè wa David konnen sa, li mete-l deyò nan peyi a. 2S.13: 28-29, 32
b. Absalon vle mande waa padon, pou-l pwofite antre pou-l touye papa-l, wa David e pran pouvwaa. 2S.14: 21-24

I. An nou wè ki sa ki te fè waa pè

1. Absalon konnen ke Achitofèl, ki la pou bay waa konsey, pat sensè ak waa depi menm jou waa te touye Uri ki te mari Batcheba, pitit a pitit li. Konsa si li monte yon konplo ak nonm saa, fòk ou fen pou-w ta dekouvri-l. 2Sam.11:3; 15: 12; 23:34
2. Pou Absalon detwi popilarite waa, li achte moun yo byen fasil : Depi ou bezwen yon sèvis nan men wa David, li pa kite-w rive nan palè a pou-w al mande-l ; li tou rann ou sèvis saa. 2Sam.15: 1-3
3. Konsa li rale anpil moun dèyè-l san konte moun ki te déjà gen kont ak waa. 2Sam.15: 4-6; Sòm.3 :1-9

II. An nou wè ki rezon Bondye genyen pou-l foure bouch nan koze saa.

1. Li te pwomèt David pou--l pwoteje wayom li e pou-l gen yon pitit li ki pou ranplase-l. 2Sam.7:14-16
2. David fè Bondye konfyans malgre tout bagay. Sòm.118:13; 121:1
   a. Li pa pè pou kò-l. Li menm di : « Mwen kouche, mwen dòmi, mwen leve anbyen, paske Senyè-a ap soutni mwen. Sòm.3:6
   b. Li kwè Bondye ap bay li viktwa sou tout lèdmi li yo. Sòm.3: 1
   c. Li konnen depi li antre nan tanp la pou-l priye, Bondye ap tande-l kan menm. Sòm.3:5
   d. E vrèman, Bondye sove-l anba men Absalon. Sòm.3:8-9

Pou fini

Menm si ou te gen tò nan yon bagay, sa pap anpeche Bondye vin defann ou, pouvi ke ou asepte imilye w devan-l. An avan zanmi-m, mete ajenou devan Bondye, konfese peche w, renmèt sa w te pran an, mande-l padon, li va delivre-w.

Kesyon

1. Ki sa nou jwen nan Sòm twa (3)? Tèt chaje wa David kant Absalon te vinn pou dechouke l.

2. Ki moun Absalon te ye? Yonn nan pitit wa David yo.

3. Ki sa misye te fè? Li te touye Amnon, frè li kote papa. Paske misye te vyole Tama, sè li kote manman

4. Ki sa misye te fè apre sa?
    a. Li te ale nan kache
    b. Li voye mande waa padon
    c. Li chèche detwi repitasyon waa.
    d. Li fè konplo pou touye waa.

5. Ki sa David te fè pou-l delivre? Li rele Bondye

6. Ki jan Bondye te reponn li? Li delivre waa anba men Absalon.

Leson 9
Yon lekòl nan pye Senyè a

Vèsè pou prepare leson an: Egz.24:12-18; Nob.16: 27-33; 1S.15:22; Eza.44:1; 2Kor.12:9; Gal.2:20; 1Pyè.5:7; Jan.21:15-17;
Vèsè pou li nan klas la: Egz.24:12-18
Vèsè pou resite: Seyè a di Moyiz konsa: -Moute sou mòn lan bò kote m'. Rete la. m'a ba ou de ròch plat avèk lalwa ak regleman mwen te ekri sou yo pou fè levasyon pèp la.
Egz. 24:12
Fason pou fè leson an: Diskou, konparezon, kesyon
Bi leson an: Dekouvri sekrè ki genyen lè yon moun lage-l nèt nan la priyè.

Pou komanse
Bondye envite Moyiz pou chita pou kont li nan pye-l pandan 40 jou ak 40 nwit. Li menm mande-l pou-l ranvwaye pèp la. Pou Jozye menm, li mande pou misye rete a distans. Moyiz pase sis jou nan pye Senyè a san li pa rache yon mo avè-l. Ki komantè ou ta vle fè sou seminè saa? Egz.24 :12-18
An nou imajinen sa ki te ka pase nan sis jou saa. **Egz.24: 16**

I. Premye jou
1. Puiske Bondye rele-l an prive, li dwe gen rezon-l pou sa.
2. Tanke Moyiz poko mete-l nan pozisyon li vle a, Bondye pap komanse pale avè-l. Depi lè saa gen kèk sousi ki pou soti nan tèt li:
   a. Sousi pou kote-l pra-l dòmi
   b. Sousi pou Jozye asistan-l
   c. Sousi pou zafè fanmy.
3. Li dwe komanse bliye tèt li ak sa-l renmen pou-l mete Bondye an premye. Mat.6:33; 1Pye.5:7

II. Dezyèm jou

1. Li dwe sispan fè-l sousi pou pèp la. Puiske yo rele Bondye, Bondye Izrayèl, se li ki konnen zafè-l ak pèp li. Pa gen moun ki kap fè-l bliye pwomès li a Abraram. Eza.44:1
2. Fidèl legliz yo pa pou nou. Jezi te di Pyè twa fwa: «okipe mouton-m yo». nou pa fèt pou gen plis enkyetid ke Bondye pou fidèl legliz». Jan.21:15-17

    Bondye vle nou fè sousi pou lòd li pase nou avan ke nou kapab fè sousi pou travay li. 1Sam.15:22

III. Twazyèm jou

1. Kounyeya, Moyiz dwe gran gou tout bon. Li komanse pèdi fòs. Li pa wè byen menm jan ankò.
2. Bondye te oblije bay li yon seròm nan venn li. Pwogram Moyiz pa pale ankò.

IV. Katriyèm jou

1. Moyiz te blije bay Bondye lagan-y. Ga.2:20
2. Li dwe konprann ke Bondye egzije de li menm yon soumisyon total kapital.

V. Ki sa li wè nan senkyèm jou a

1. Puiske nyaj Bondye a kouvri l, li jwen tout sa li bezwen anba gras la. Sòm.91:1
2. Si li te ap pale ak apòt Pòl, li ta di: «Gras mwen kont pou w.» 2Kor.12:9
3. Kounyeya, li nan sekrè Bondye. Pa gen enkyetid ankò.

V. Kondisyon nan sizyèm jou a

Pa gen Moyiz ankò. Moyiz fini sou pye. Li fin desose. Li pa kapab ni monte ni desann. Li blije vle sa Bondye vle.

VII. Kondisyon nan setyèm jou a.
Bondye deside pou-l pale.

1. Bondye fòtifye-l e li fè je misye klè pandan karant jou pou-l tande tout sa Bondye te vle di-l. Lè pou-l desann

mòn nan, Bondye bay li fòs pou-l pote 2 wòch plat kontraa. Yo te lou tankou pwa senkant.(50)
Egz.32:15; 26-28

2. Li te genn tou pouvwa pou konbat moun yo ki te vle fè grèv kont li ak tout rebèl yo nan peyi Izrayèl.
Nob.16:27-33

Pou fini

Pran pye Senyè a tankou yon baz pou nou monte. Menm lè ou finn priye, priye ankò. Bondye va revele-w gwo sekrè e pap gen okenn fòs ki ka-p kenbe tèt avè-w. Kesyon mwen gen pou--w : Eske-w va asepte pase tout tan saa nan pye Senyè a san-w pa fache?

Kesyon

1. Koman nou ka-p imajinen sis premye jou Moyiz yo nan pye Letènèl?
   a. Li dwe ranje kò-l pou-l mete-l nan pozisyon Bondye ap tann nan.
   b. Li dwe mete tout pwogram li yo de kote.
   c. Li dwe asepte lage kò-l nèt nan men Bondye.

2. Kote li te jwen fòs pou-l kenbe pandan 40 jou?
   Bondye ki bay li fòs

3. Kote nou jwen prèv de seminè saa?
   a. Grangou pa touye-l pandan 40 jou
   b. Li te gen fòs pou-l te pote de wòch plat kontra nan men-l lè li tap desann mòn nan.
   c. Li te gen pisans pou bat lèdmi li yo.

Leson 10
Se yon jeneratè kap bay gwo kouran

Vèsè pou prepare leson an Mat.28:20; Lik.6:12-13; 22:41-46; Jan.6:14-15; 14:10; 15:5; Tra.1:8; Ga.2:20; Fil.4:13
Vèsè pou li nan klas la: Jan.15:1-7
Vèsè pou resite: Mwen se pye rezen an, nou se branch yo. Moun ki fè yonn avè m', moun mwen fè yonn ak li, l'ap donnen anpil, paske nou pa kapab fè anyen san mwen. **Jan.15:5**
Fason pou fè leson an: Diskou, konparezon, kesyon
Bi leson an : Montre ki jan Kris ap transmèt nou tout sa nou dwe resevwa.

Pou komanse
Toutotan nou sou la tè, nou dwe pran la vi nou tankou yon batri. Pou li bay kouran, li dwe al pran chaj de tanzantan. Chajè kap chaje nou an se Jezikri.

I. Gade ki jan li bay nou egzanp.
1. Avan li chwazi disip li yo, li pase tout yon nwit ap priye Bondye **pou kont li**. Lik.6:12-13
2. Apre li finn fè mirak bay moun yo manje pen ak pwason, li pa rete tann moun fè-l konpliman ni komantè, li monte sou mòn nan al priye papa-l **pou kont li**. Jan.6 : 14-15
3. Avan li monte sou kalvè a, li rantre nan gwòt Jètsemani an pou-l al kriye nan pye papa a **pou kont li**. Lik.22:41
4. Konsa li konsyan ke tou sa la-p fè, se papa a nan li ki te fè yo.
   Gade vèsè saa: Gen lè ou pa kwè mwen nan papa a ? Ou pa kwè Papa a nan mwen tou? Tout pawòl mwen di nou yo, se pa nan mwen yo soti. Papa ki fè youn ak mwen an, se li menm ka-p fè travay li. Jan.14:10

II. Li mande nou pou nou swiv egzanp li
1. 1. Li di nou: nou pa kapab fè anyen san li. Jan.15: 5
2. 2. Li di nou ankò: leve non, lapriyè pou-n pa chite. Lik.22:46
3. Se sèlman ak pisans li nou gen dwa al preche de kote nou rete a, jouk nou rive nan bout a latè. Tra.1:8
4. Sa lakòz ke li oblije rete akote nou toulejou pou li kapab rechaje batri vi èspirityèl nou. Mat.28:20
5. Pòl te konprann sa si byen ke li di: Si m-ap viv, se pa mwen menm k-ap viv, men se Kris k-ap viv nan mwen. Gal.2:20
6. Depi Kris ap ban-m fòs, pa gen anyen-m pou-m pa ka fè. Fil.4:13

Pou fini
Sonje sa byen: Si ou pa gen abitid chita nan pye papa pou kont ou, lòske ou pou kont ou devan Dyab la, ou pap sa gen fòs pou kouri dèyè-l pou kont ou. Satan pra-l sedwi an prive pou li avili-w an piblik. Tanpri, kite bò-n batri vi èspirityèl rete branche nan Sentèspri a ki jeneratè pisans la.

Kesyon

1. Ki sa Kris reprezante nan la vi èspirityèl nou? Yon jeneratè kap bay kouran.
2. Pouki sa Jezi konn rete priye papaa pou kont li?
   Pou ba-y nou egzanp
3. Ki sa ki k-ap rive si nou pa vle swiv egzanp li?
   Nou pap kapab fè anyen.
4. Ba-y nou temwayaj apòt Pòl la.
   Li di : Ak fòs Kris nan la vi-l, li pa gen anyen-l pap fè.
5. Kote sekrè-l te soti?
   Nan Kris ki te chita nan la vi-l.

Leson 11
Ki sa ki te lakòz de gwo lidè te chite

Vèsè pou prepare leson an Egz.14:16-21; 16:6-7; 17:1-6; 32: 16,19; 34: 4-6; Nob.20: 2-13; 1Wa.18: 18-39;19:2; 2Wa.1:1-16; Jak.5:17

Vèsè pou li nan klas la: 1Wa.19:4-10

Vèsè pou resite: Moyiz ak Arawon sanble tout pèp la devan gwo wòch la. Epi Moyiz di yo: -Louvri zòrèy nou, bann moun tèt di! Se vle nou vle mwen fè dlo soti nan wòch sa a pou nou? **Nob.20.10**

Fason pou fè leson an: Diskisyon, konparezon, Kesyon

Bi leson an : Montre danje ki genyen lè yon lidè konprann ou twò enpotan nan Legliz.

Pou komanse
Pa gen yon moun kap gade anlè, pou-l di-m li gen vètij. Moyiz ak pwofèt Eli te gen yon lè yo te bliye sa. Nou pra-l wè ki konsekans sa te genyen ladan.

I. Moyiz te chite.
   1. O komansman, li te konte sou Bondye pou tout bagay.
      a. Pou-l janbe la Mè Rouj ak pèp la. Egz.14: 16, 21
     b. Pou bay yon pèp de twa milyon moun manje la ma-n pandan karant an nan dezè a. Egz.16: 6-7
   2. Pou bay tout moun sa yo bwè dlo nan mòn Orèb. Egz.17: 4-6
   3. Pou bat lame wa Amalèk la. Egz.17:8, 9,16
     Pa manke egzanp.
   1. Sèlman, jou misye soti nan pye Letènèl nan mòn Sinayi, li fè kòlè, li kraze Tab la lwa yo ke Bondye li menm te ekri ak pwòp men li. Egz.32:16,19

Bondye mande-l pou-l al taye 2 Tab menm jan an pou-l retounen ekri lwa yo ankò. Se te dènye chans li te bay Moyiz. Egz.34: 4,6

2. Yon jou, li rive nan flan mòn Meriba. Pèp la tonbe fè tenten pou dlo ankò. Moyiz si tèlman fache ke li pa menm byen tande sa Bondye te di-l. Li frape wòch la de fwa e li fè pèp la kwè ke se li ki abitye ba-y li dlo.
Bondye fache e la menm li revoke-l. Zafè antre nan Kanaran, se va yon lòt lidè, men se pa ou Moyiz.
Nob.20: 10,12

II. Ki jan pwofèt Eli te chite

1. Nan Bib la yo pran misye kòm yonn nan pi gran pwofèt.
   a. Li pat kraponen devan wa Akab ak rè-n Jezabèl
      1Wa.18: 18-19
   b. Li pat kraponen devan 850 bòkò. 1Wa.18:19
   c. Li pat kraponen devan tout pèp Izrayèl la.
      1Wa. 18:36-39
   d. Li te menm kwè ke zafè dife pou boule moun, se nan menm-l sa rete. 2Wa.1: 9-14
2. Men apre gwo viktwa li sou Mon Kamèl, vètij pran-l, li chite. Ogèy èspirityèl monte-l. La menm, Bondye revoke-l. Ki jan sa te fèt?
Se wa Akab ki al jwen madanm li Jézabel, pou di-l ki jan pwofèt Eli rache tout bòkò yo anba manchèt. La menm, Rè-n Jezabèl voye komisyon ba-y pwofèt Eli pou di-l: Li fè sèman sou vi-l ke li pra-l rache pwofèt la fè-l fè 850 moso pou vanje bòkò-l yo li touye a.1Wa.18: 19, 40; 1Wa.19: 2
   a. Lè saa, pwofèt la te si farouche ke li kite Mò-n Kamèl pou-l ale nan Mò-n Orèb al pote plent pou Jezabèl e pou-l ba-y demisyon-l. Li mache pandan 40 jou ak 40 nwit pou-l rive la. 1Wa.19:8
   b. Pouki sa? Di-m pouki sa? Dapre li se nan Mò-n Orèb ki gen yon depot Dife Tou Limen» Egz.3:2
   c. Li te vle tou montre Bondye jan li enpòtan. Si li ba-y demisyon-l, Bondye pra-l nan gwo pwoblèm. Li pap touve moun ki pou ranplase-l. 1Wa.19:10

Pouki sa mezanmi, li pat di Bondye: «Bondye, mwen bezwen w ijan. De mo silvouplè». Vin- jwen, li te ajenou déjà nan pye Senyè a pandan twazan ak simwa.
An nou ekri vèsè saa: Jak. 5:17
Eske nou konnen Bondye asèpte demisyon li an e li mete yon ti rèstavèk li nan plas li. Ti rèstavèk sa pra l fè de fwa plis ke sa Eli te fè e Bondye pwofite di l konsa, lè l vire do-l, li gen 7000 fidèl anrezèv ki pat janm mache kay boko yo. Se atò-m gen moun ki ta pou ranplase w. 1Wa.19:18

Pou fini
Letènèl pat itilize yon drag pou louvri La Mè Rouj. Li pa bezwen non plis moun ki kwè yo enpòtan pou li dirije Legliz li. Li bezwen sèlman moun kifè yo piti nan men-l. Konsa li va fè rès la.

Kesyon

1. Kote grandè Moyiz te soti? Nan lobeyisans li a volonte Bondye

2. Ki sa ki te lakòz li chite?
   Ogè-y èspirityèl

3. Kote grandè pwofèt Eli te soti?
   Nan yon gwo lafwa nan Bondye

4. Ki sa ki te lakòz li chite?
   a. Li te kwè li enpòtan.
   b. Li te kwè apre li Bondye pa tap janm jwen lòt sèvitè ankò
   c. Li te kwè ke se li ki gen dwa sou dife pou boule moun.

5. Di nou yon defo Moyi te gen? Li te fè kolè fasil

6. Ki moun ki te chanpyon sou Mòn Kamèl la? Bondye

7. Ki sa Eli te dwe fè devan menas Jézabèl la?
   Pou-l te di « Bondye: De mo silvousplè »

8. Ba-y yon komantè sou sa Bondye ta di a pwofèt Eli
   a. Ki sa ou vi-n chèche jouk isit la?
   b. Mwen dakò ak demisyon w nan.
   c. Mwen va mete nan plas ou yon moun ki pa enpòtan tankou w. Li va fè plis pase w.
   d. Mwen gen 7000 volontè anrezèv. Se pa ou sèl ki genyen. Demisyon w nan pa-p kraze lèv mwen an.

Leson 12
Devosyon pèsonèl jouk ou vi-n klere tankou solè-y

Vèsè pou prepare leson an Egz.34:28-35; Da.10:4-7; Mat.17:1-3

Vèsè pou li nan klas la: Egz.34: 28-35

Vèsè pou resite: Men, gen yon bagay li pa t' konnen. Lè li t'ap pale ak Seyè a, figi l' te vin klere byen bèl.**Egz.34: 29b**

Fason pou fè leson an: Diskou, konparezon, kesyon

Bi leson an : Ankouraje kretyen yo pou yo pase plis tan nan ap priye.

Pou komanse

Priye pou kont ou ka-p rive nan yon pwen ki pa gen konparezon. Ki lè sa ka fèt? Ki jan sa ka fèt ? An nou louvri bib la pou nou jwen repons la.

I. Moyiz te klere tankou yon gwo limyè
1. Li te briye yon jan ke po kò-l te chanje. Egz.34:29
2. Lè Pitit Izrayèl yo te wè sa, yo te pè pwoche–l. Egz.34: 30
3. Sa te rive apre li te fi-n pase 40 jou ak 40 nwit ap lapriyè nan pye Letènèl. Egz.34: 28

II. Ezayi te klere tankou yon gwo limyè.
Li te sezi lè sa te rive-l. Eza.6: 5

III. Danyèl te klere tankou yon gwo limyè.
Da.10: 4-7
1. Li te wè Jezi abiye ak yon rad len sou li. Da. 10: 5
2. Kò li te klere tankou yon kout zeklè. v.6

Ekri vèsè 6 la pou nou.

IV. Jésus te klere tankou yon gwo limyè.
1. Nan Matye 17: 2 nou wè Jezi ki klere tankou solè-y.
   a. Moyiz ak Eli te la pou asiste sa. Mat.17: 3

b. Disip yo Pyè, Jak ak Jan te wè sa tou. Mat.17: 2

III. **Ki sa nou wè nan jan de moun sa yo.**
   1. Yo yon-n pat pè soufri gran gou kant yo vle rete nan pyè Senyè-a.
   2. Yo konnen yo te gen yon gwo misyon pou yo akonpli.
      a. Moyiz te la pou-l transmèt lòd Bondye ba-y a chef tribi yo nan Izrayèl. Egz. 34: 32
      b. Danyèl konnen li te la pou-l resevwa revelasyon sou sa ki gen pou rive. Da.10:14
      c. Jezi konnen ke li pat kapab fè bak devan lanmò pou sove nou anba men dyab la. Mat.17:9
   3. Anpil moun kap wè lè ou klere tankou yon gwo limyè.
      a. Izrayèl pat kapab gade figi Moyiz. 2Kor.3:7
      b. Lè moun yo ki te ansanm ak Danyèl te wè sa, yo pete kouri. Da.10: 7
      c. Disip yo Pyè, Jak ak Jan te wè Moyiz ak Eli ak de grenn zye yo. Moun sa yo nou te kwè ki mouri depi plis ke de mil ane. Yo te ap pale ak Jezi, men mesaj la te ansekrè, yo pa-t kapab konnen–l. Mat.17: 3

Pou fini
Pa gen anyen ki anpeche w vi-n briye tou tankou solè-y la. Rete chita nan pye Senyè-a san distraksyon. Apre sa tan li manifèste li nan la vi w.

Kesyon

1. Ki sa sa vle di pou w klere tankou solè-y»?
2. Di nou twa moun ou konnen ki te konsa? Moyiz, Eli, Jezi
3. Ki sa nou jwen nan moun sa yo?
   a. Yo pa pè grangou pou yo rete nan pye Senyè-a
   b. Yo konnen yo gen yon gwo misyon pou yo akonpli.
   c. Yo dakò pou yo obeyi Bondye, kèlkeswa sa sa tap koute yo
   d. Tout moun ka-p wè sa nan la vi yo

Lis vèsè yo

Leson 1
Se Bondye ki fè nou. Nan Jezikri li kreye nou pou nou ka fè anpil bon zèv nan lavi nou, dapre sa li te pare davans pou nou te fè. Ef.2 :10

Leson 2
Bondye kreye moun. Li fè l' pòtre ak li. Li kreye yo gason ak fi. Ge.1 :27

Leson 3
N'a chache m', n'a jwenn mwen paske n'a chache m' ak tout kè nou.. Jer.29 :13

Leson 4
Seyè a fè Abram soti deyò, li di l' konsa Leve je ou, gade syèl la byen. Konte zetwal yo si ou kapab. Apre sa, li di. Pitit pitit ou yo va anpil tankou zetwal nan syèl la.. Ge. 15 :5

Leson 5
Reponn mwen, Seyè! Reponn mwen pou pèp sa a ka konnen se ou menm Seyè a ki Bondye, pou yo rekonèt se ou menm k'ap fè yo touen vin jwenn ou 1Wa.18 :37

Leson 6
Lè Danyèl vin konnen wa a te siyen lòd sa a, li al lakay li. Te gen yon chanm anwo sou teras la ak yon fennèt ki bay nan direksyon lavil Jerizalèm. Li moute, li mete ajenou devan fennèt la ki te louvri, li lapriyè Bondye l' jan li te toujou fè, twa fwa pa jou a.. Da.6 :10

Leson 7
Li di: Papa, si ou vle, tanpri, wete gode soufrans sa a devan je mwen. Men, se pa volonte m' ki pou fèt, se volonte pa ou..
Lik. 22 : 42

Leson 8
Leve non, Seyè! Sove m' non, Bondye mwen! Ou bay tout lènmi m' yo yon souflèt. Ou kase dan mechan yo. Sòm.3 : 8

Leson 9
Seyè a di Moyiz konsa: -Moute sou mòn lan bò kote m'. Rete la. m'a ba ou de ròch plat avèk lalwa ak regleman mwen te ekri sou yo pou fè levasyon pèp la.. Egz. 24 :12

Leson 10
Mwen se pye rezen an, nou se branch yo. Moun ki fè yonn avè m', moun mwen fè yonn ak li, l'ap donnen anpil, paske nou pa kapab fè anyen san mwen.. Jan.15 :5

Leson 11
Moyiz ak Arawon sanble tout pèp la devan gwo wòch la. Epi Moyiz di yo: -Louvri zòrèy nou, bann moun tèt di! Se vle nou vle mwen fè dlo soti nan wòch sa a pou nou?» Nob.20.10

Leson 12
Lè Moyiz desann soti sou mòn Sinayi a, li t'ap pote de ròch plat yo nan men l'. Men, gen yon bagay li pa t' konnen. Lè li t'ap pale ak Seyè a, figi l' te vin klere byen bèl. Egz.34: 29b

Dife Tou Limen Seri II

Ki jan pou w repare maryaj ou si la-p gate

Avangou

Konbyen nan nou ki mete nan tèt nou ke n'ap jwen bonè nan maryaj? Gade ki jan ou regrèt, e kounyeya ou vle divòse! Si w kenbe toujou se paske w kretyen, ou byen ou déjà gen ti moun ak mouche a ou byen ou gen pwoblèm lajan, pwoblèm papye travay. Gen nan nou ki kenbe toujou, paske nou gen lèspwa ke sa kapab chanje pi devan. Kelkeswa kaa, si ou vle kenbe maryaj ou, ou dwe fè yon ti jefò pou w chanje kalite jan wa-p mennen maryaj la. Nou vin la pou ede w travèse dlo cho saa, si w vle gade nan menm direksyon ak nou. Ou dakò?

Pastè Renaut Pierre-Louis

Leson 1
Yon maryaj ki gate

Vèsè pou prepare leson an: Sòm.118:1-18; 121:1-6; Pwo.20:25; Mal.2:16-17; Tra.24:16; 2Ko.5:17; Ef. 6:2; Fil.3:13-14; Kol.3:1-3, 13; 1Ti.5:8; Ebre.12:1; Jak.1:13
Vèsè pou li nan klas la: Sòm.118: 13-18
Vèsè pou resite: Non, mwen p'ap mouri. M'a viv! M'a rakonte sa Seyè a fè pou mwen. **Sòm.118:17**
Fason pou fè leson an: Diskisyon, konparezon, Kesyon
Bi leson an: Se pou ede moun marye yo pou yo jete vye pwensip ki kapab detwi maryaj yo.

Pou komanse
Si ou wè maryaj ou vle gate, se pou w louvri je w sou sa sa w dwe fè pou sove'l. Ki jan pou w fè sa?

I. Tout dabò men yon bann bagay pou w jete
Pa egzanp kan ou di:
1. Ou aji mal paske w t'ap viv nan yon move milye
Sa se yon fason pou w blanmen moun ki te èlve w yo. Ou vle di ke se yo ki lakòz ou aji mal. Si w panse konsa, ou pap janmen korije e ou san lè pèdi tèt ou.
David di: «Ou pouse m pou w vide m atè, men Bondye pote m sekou». Sòm. 118:13 Se tankou li te di: «Ou bat pou w fè-m fè tenten, men Bondye anpeche sa».
  a. E ki sa w fè ak konsyans ou ki te la pou gide w nan desizyon w yo? Tra.24:16
  b. Ki sa w fè ak entelijans ou pou te ede w konprann sityasyon w nan?
  c. Ki sa w fè ak volonte w pou deside ak limyè Sentèspri nan la vi w?

d. Ou dwe dakò avè m ke milye wap viv ladan an kap aji sou ou, men ou pa gen dwa kite-l kontwole w. Menm jan yon ti pye bwa ka grandi nan fatra, maryaj ou tou kap grandi obomilye difikilte. Yon sèl bagay ou gen pou w fè: Se pou w chèche tire pwofi de tout sa ki vle soti mal pou ou.
   e. Puiske se konsa li ye, mon chè, pran reskonsablite w

2. **Ou di moun nan pap janm korije. Ki jan w fè konnen?**
   Si eskperyans la vi pa kapab korije-l, Jezikri kapab korije-l. Se sa nou konprann nan 2Kor.5:17.

3. **Ou di se 2 sèl bagay ki rete w:**
   Pou w divòse ou byen pou w reziye w.
   a. Koute byen: Newton di w: Si w pa vle tonbe sou bisiklèt la, se pou w toujou ap pedale. Pa janmen, janmen reziye w nan la vi. Pòl di: « mwen bliye sa ki deyè, m'ap kouri anvan pou w pa pèdi kouwòn mwen. Fil.3:13-14
   b. Sonje wa David. li te kwè ke repons a pwoblèm li yo dwe soti anwo. Sòm 121:1
   c. Apadesa, ou dwe gen yon rezon pou w viv. Menm Davi sa te di: «M' pap mouri, m'ap viv paske mwen gen pou-m rakonte sa Bondye fè pou mwen.» Sòm.118:17 Sa bèl, mon chè!

4. **Ou di nou gen twòp vye bagay ki pou chanje.**
   Se pou w dakò avè-m. Gen tò touledebò. Si nou te gen enterè nou ansanb, nou dwe pou antann nou. Ni maryaj ni divòs, yo pa desizyon moun pran anjwèt. Yo toude koute chè. Pran san w. Pwo. 20:25

5. **Pwoblèm mwen an pa gen renmèd.
   Bon! Se la danje a ye!**
   a. Si w kontinye panse konsa, ou k'ap fè tèt ou mal e ou k'ap fè lòt moun mal tou san w pa rann ou kont. Ebre.12:1
   b. Pitit ou yo pra-l gen kè kase. Yo k'ap tonbe nan dwòg ak nan fè kri-m. E Pòl ap konsidere w tankou yon payen, moun ki pa kon-n devwa yo nan fanmi-y. 1Ti.5:8
   c. Vye paran yo mèt tou wete zye yo sou ou paske vye jou yo déjà konpwomèt. Ef.6:2

Kisa ou pa ta dwe bliye:
1. Ou dwe pran reskonsblite pou tout sa wap panse, sa wap di ak sa wap fè. Pa janmen blanmen pèson-n ni Bondye pou malè ki rive w. Jak. 1: 13
2. Si wap koute santiman w, se atò ou nan pwoblèm. Ou poko pwèt pou w jwen solisyon an.
3. Kite m di-w Eske w déjà eseye lanmou, tolerans ak pasyans? Kol.3: 13
4. Ou vle divòse? Pouki sa ou envite moun nan maryaj, ou pa envite yo nan divòs? Se paske w konnen ke Bondye pap dakò avè w e ou konnen tou ke ou deranje sosyete a. Mal. 2:16

Pou fini
Si w ap viv ak vye lide sa yo, se ou menm ki mete vi ou ak nanm ou nan yon prizon. Ou pa rete konsa pou w deside konsa. Solisyon an tou pap janm vin konsa, konsa. Tanpri fè yon ti chita epi leve gade anwo bò kote papa Bondye. ***Kol.3:1***

Kesyon

1. Ki jan de vye lide ki kapab detwi yon maryaj?
   a. Lè w di ke se move milye ou te elve ladan ki lakòz
   b. Lè w kwè ke moun nan pap jan-m korije
   c. Lè w reziye w ou byen pou w divòse
   d. Lè ou kwè ke relasyon yo pap janm vin pi miyò
   e. Lè nou di ke nou gen twòp bagay pou korije.

2. Ki sa nou pa dwe bliye?
   a. Ke chak moun dwe pran reskonsablite pou aksyon-l
   b. Ke nou pa dwe koute santiman nou
   c. Ke nou dwe eseye lanmou, padon ak pasyans
   d. Ke Bondye pa vle wè divòs ak zye l.
   e. Ke sosyete a soufri de aksyon saa.

3. Ki lachte nou pa dwe komèt?
   Di ke se yon lòt moun ki lakòz.

4. Ki vye panse pou nou pa kenbe nan tèt nou?
   Di ke moun nan pa-p jan-m korije.

5. Ki mo ki pi danjere pou nou pa di?
   Pou nou di ke kaa pèdi. Pa gen lèspwa

6.   Ekri 1Ko.10 :13

Leson 2
Senk gwo komandman nan maryaj la

Tèks pou prepare leson an : Jen 4:4-8; 1Sam.25: 10-12, 25-34; Eza.59:2; Eze.18:20; Jan.1:29, 35; 3:16; 1Kor.10:13 Wo.5:8; Ef.5:25; Fil. 4:6-8; Tit.2:4

Vèsè pou li nan klas la : 1Kor.10:1-13

Vèsè pou resite : Tout tantasyon nou jwenn sou chemen nou, se menm kalite tantasyon tout moun jwenn sou chemen yo tou. Men, Bondye li menm toujou kenbe pawòl li: li p'ap kite yo tante nou yon jan ki depase sa nou ka sipòte. Men, lè nou va anba tantasyon an, la ban nou fòs pou nou ka sipòte l', pou nou ka soti anba li. **1Kor.10:13**

Fason pou fè leson an : Diskisyon, konparezon, Kesyon

Bi leson an : Ede moun marye yo konprann ki direksyon yo dwe pran kan sa pa mache byen nan maryaj la.

Pou komanse

Moun ki ogèye ak moun ki lach pa ta dwe marye. Maryaj se zafè moun ki kon-n pran reskonsablite. Fè yon ti chita souple, e fè yon ti gade nan konsyans ou. Pale ak tèt ou e di-l konsa :

I. **Mwen reskonsab atitid mwen.**
   1. Fòk pwoblèm vini kan menm. Ou dwe di Bondye mèsi paske ou gen pwoblem. Pouki sa? Se moun fou ak moun mouri ki pa gen pwoblèm. Ou pa yonn nan yo. Ou dwe deside jere pwoblèm ou yo pou yo pa dominen w. Konsa Bondye ap kanpe avè w. 1Kor.10:13
   2. Si w panse mal, ou va aji mal. Plis wap gade jan pwoblèm nan grav, plis li vin pi konplike. Apòt Pòl di w:Pa bay tèt ou pwoblèm. Pote yo bay Bondye nan la priyè. Bay Bondye lwanj.Li va rezoud pwoblèm ou yo. Bondye menm kote ak solisyon an. Tanpri dekanpe w kote pwoblèm yo. Fil.4: 6

II. **Mwen aji dapre atitid mwen.**
Si ou toujou wè tout bagay an mal, ou mèt kwè-m, ni atitid ou ni zak ou yo tout se vye bagay pou yo ye.
Gade ki jan Nonm Nabal la te resevwa solda yo David te voye kote-l. Li pran David pou ti vòlè ki kite kay mèt li.
1Sam. 25: 10-12
Men Abigayèl, madanm misye, ki te yon fanm ki gen bon tèt, li aji ak sajès ak sòlda sa yo. Erèzman li te fè sa. Se te yon fason pou-l te sove fwaye-l ak byen li yo tou, paske David te deside pou-l te dechouke yo nèt ale.
1Sam.25: 25-28, 32-34

III. **Mwen dwe dominen santiman-m**
1. Si w'ap aji dapre santiman w, w'ap vi-n mechan. Si Kayen te sonje sa, li pa t'ap janm touye frè-l Abèl. Jen. 4:4-8
2. Se pou w konnen lè w fache. Men se pa yon rezon tou pou w aji san kontwòl. Apòt Pòl ta di w: Se pou w mete nan tèt ou ke tout sa w'ap fè, li dwe pou-l jis, pou tout moun kap dakò avè-l. Fil.4: 8

IV. **Mwen dwe pou m konsyan pou-m admèt erè-m fè.**
1. Kant ou pa konfese fòt ou, kant ou pa mande padon pou li, ou leve yon gwo miray ant ou menm ak epou w. Se mira-y sa ki va tounen yon obstak nan lamou nou yon-n pou lòt. E Bondye li menm, li wete kò-l nan mitan nou. Es.59:1-2
2. Sonje ke ou vin pi gran kant ou konfese fòt ou. Pa chita tou tan ap di : « Eskize m, se pa fòt mwen», Jezi te vin mouri pou peche, li pat vi-n mouri pou eskiz. Jan.1: 29, 35
3. Pa pran woulib sou fòt epou w la, pou w di se sa ki lakòz ou te fè fòt pa w la tou. Ou dwe pou w pran tout reskonsablite w pou sa ou fè e pou w dakò peye konsekans yo. Eze. 18:20

V. **Mwen dwe deside pou m renmen epou mwen pou-m kapab gen bon vi nan fwaye a.**
   1. Konnen byen ke lamou tout bon a se pa zafè santiman w, men se ki atitid ou nan maryaj la.
      a. Jezi montre nou ke li renmen nou kant li te sakrifye vi-l pou nou. Jan 3: 16; Wom.5:8
      b. Pòl mande pou mari yo renmen madanm yo e li mande tou a gran moun fanm yo pou yo aprann jen meda m yo ki jan pou yo renmen mari yo ak pitit yo. Si lamou se yon bagay moun kap apran-n, se pa zafè santiman li ye di tou. Ef.5: 25; Tit.2: 4.

Pou fini

Nan maryaj, si w vle genyen, se pou w asepte pèdi. Pa koute gwo kòlèt ou a, konsa ou ka rekòlte lanmou.

Kesyon

1. Di senk gwo komandman ki gen nan maryaj
   a. Mwen reskonsab atitit mwen.
   b. Mwen reskonsab zak mwen yo.
   c. Santimanm pa la pou kontwole zak mwen.
   d. Mwen dwe pou m dakò ke-m fè yon erè san m pa kwè mwen desann tèt mwen pou sa.
   e. Mwen dwe deside pou-m garanti yon bon vi nan fwaye a

2. Make bon repons la
   Zafè maryaj se pou :
   a. Moun ki kapon
   b. Moun ki gen gwo kòlèt
   c. Moun ki konn pran reskonsablite.

3. Make bon repons la
   Si m gen pwoblem nan maryaj mwen, mwen kap di
   a. Se fòt madanm mwen
   b. Se fòt mari mwen
   c. Mwen te fè yon move chwa
   d. Mwen dwe rezoud pwoblèm mwen.

4. Fè yon komantè sou atitid Nabal ak atitid Abigayèl
   a. Nabal te gen move lide ki te kap kraze maryaj li
   b. Abigayèl te gen bon lide ki te reyisi sove maryaj li

5. Ki sa ki te pote Kayen touye frè li Abèl?
   Li te kite move lide li yo pran tèt li.

6. Ki konsekans sa genyen kant yon moun dakò pou-l di ke li antò? Li vin pi gran.

7. Ki za-m ki pi pisan pou pwoteje yon fwaye? Se lanmou.

Leson 3
Yon ti bagay ki gen anpil valè

Tèks pou prepare leson an : Wom.12: 10; 1Kor.7:5; Kol.3:1-15; 1Pye.3:7

Vèsè pou li nan klas la : Wom.12:9-18

Vèsè pou resite: Se pou nou yonn renmen lòt tankou frè ak frè k'ap viv ansanm ak Kris la. Nan tou sa n'ap fè, se pou nou gen respè yonn pou lòt, pa konsidere tèt nou anvan. **Wom.12:10**

Fason pou fè leson an: Diskisyon, konparezon, Kesyon

Bi leson an: Montre ki jan nou kap fè relasyon ant mari ak madanm vi-n pi dous.

Pou komanse

Si w kwè ke ti jès nan maryaj pa gen enpòtans, nap di w ou fè yon pi gwo erè. Si w vle, ou ka-p fè fwaye a tounen yon kote pou moun kontan toutan. Men senk bagay ou dwe pou w fè.

I. **Se pou w konn di «mèsi».**
   1. Se pou kon-n apresye tout ti bagay pwòchen an fè pou ou. Pòl di «se pou nou gen larekonesans». Kol.3:15
   2. Ou di mèsi pou manje lakay la ni nan restoran
      Ou di mesi pou ti pwomnad nou te fè nan machin ou byen a pye.
      Ou di mesi pou machin nan li te netwaye pou rou, pou ti moun li te pwòpte, pou èd li te bay a manman w ou a papa w.
      Ou di-l mèsi pou ti bo li te fè pou ou. Mwen pa bezwen al pi lwen. Lis la twò long.

II. **Se pou w koute kant pwòchen w nan ap pale ak ou.**
   1. Se pou w tande sa lap di w la. Sa montre ke w respèkte-l. Ou gen charite kay ou. 1Pye.3:7
      a. Sa li ap di a kap pa enterese w. Ou dwe rete koute-l kan menm. Se pa sa lap di a wap koute; se li wap koute. Si ou pa fè sa, la di «ou meprize-l.» Konnen byen ke atitid sa kap koute w byen chè.

III. Se pou w kon-n fè moun nan ti sipriz.
1. Se pou w fè-l kontan ak yon bagay ou fè-l kado sanzatann. Lap konnen ou te sonje-l. Pòl di se «pou nou fè lòt ti kado. Wo.12:10
2. Kan madanm nan chita lakay, yon anyen ou pote pou li, li pran-l gwo konsa. Ou konnen byen sa pa pedi.

IV. Se pou w chèche konprann moun nan.
Chèche konnen sa ki fè-l plezi:
Gade si se kay la ki bezwen pentire, mèb ki bezwen chanje, yon ti jès ak para- l ou byen moun ki te èlve-l. Sanble mwen ap pale ak mesye yo.
1. E ou menm madanm, ki sa w panse si w achte pou mari w yon bon pafen, si w ranje tiwa mouchwa ak chosèt li byen, bòt li mete pou-l ale nan travay.
2. Ki sa w panse si ou retire bòt sa nan pye-l lè-l soti nan travay tou fatige, si ou bay li yon ti bo byen mouye bò bouch li. Sa te kap efase tout fatig ak tout desepsyon li sot pran yo. Sa w di de yon ti mo dous pou ankouraje-l?

V. Se pou w kon fè lanmou.
Nou pa gen anyen nou pra-l di w nan bagay saa. Dayè Pòl di se pou yonn pa kite lòt yon pa. 1Kor.7:5
Ou déjà konnen pou w:
1. Anbwase pwochen an, pou w bat do li, pou w karese ti men li,
2. Ou dwe fè sèks ak li detanzantan pou mentni relasyon konjigal la.
Pou m fin di w, ou dwe chèche konnen ki langaj pwochen w pale e konpran nan zafè lanmou an, chèche konnen ki sa li renmen, ki sa li pa renmen. Sa sifi pou chanje relasyon yo nan kay la.

Pou fini
Ou kapab rebati maryaj ou. Men nap mande, ki lès nan de moun yo ki pral aji avan? Jwe jwèt la byen, pa fè kako.

Kesyon

1. Di senk bagay pou nou sonje nan maryaj la?
    a. Se pou w kon-n di mèsi
    b. Se pou w kon-n tande kan moun nan ap pale avè w
    c. Se pou w kon-n fè ti sipriz.
    d. Se pou w chèche konprann moun nan.
    e. Se pou w kon-n fè lanmou.

2. Ki sa w dwe fè si konvesasyon moun nan pa enterese w
   Ou dwe koute kan menm ak atansyon

3. Pouki sa ti enteresan bon nan maryaj la?
   Paske li fè moun yo yon ti jan pi poze.

4. Ki jan pou w fè kè madanm nan kontan?
   Kant ou fè pou li yon bagay ke-l renmen. Ou fè-l sipriz

5. Eske ou dwe oblije moun nan zafè lanmou? Janmen

Leson 4
Sis bagay nou blije genyen nan yon maryaj

Tèks pou prepare leson an : Jen.2:18; Jij.6:12; Pwo.27:19; Mat.23:13; Wom.14: 19; 15:1-7; 1Kor.7:5; 1Ti.4:8
Vèsè pou li nan klas la : Wom.15:1-7
Vèsè pou resite: Nou menm ki fò nan konfyans nou nan Bondye, se pou nou ede sa ki fèb yo pote feblès yo. Nou pa dwe ap chache sa ki fè nou plezi sèlman. **Wom.15:1**
Fason pou fè leson an : Diskisyon, konparezon, Kesyon
Bi leson an: Ankouraje moun marye yo pou yon-n gen fèb pou lòt la.

Pou komanse
Yon-n nan pi gwo devwa moun marye yo genyen se pou yon-n chèche konnen tanperaman lòt, ak bezwen ak sa moun nan renmen. A la yon gwo jwèt papa!

I. Ou dwe chèche konnen bout moun nan ou marye ak li a
1. Si w pa fè sa, nou toude n'ap mal anmize nan maryaj la e pa gen okenn bon chanjman ki kap fèt.
   An nou pran kèk egzanp:
   a. Ou di ke madanm ou vle kontwole w. Si w te vle gade byen, ou ta wè ke li ta vle patisipe nan desizyon w'ap pran. Sonje ke Bondye te ba-y ou madanm nan tankou yon asosye. Jen. 2:18
   b. Sonje tou ke lè w marye, nenpòt move desisyon ou pran, se nou tou de kap peye konsekans la. Li pa la pou-l bay ou dikte, men li kap di w sa-l panse. Pa bliye ke fanm yo wè lwen. Yo gen nen fen. Yo pa twonpe konsa. Koute yo mezanmi.

II. Ou dwe chèche konnen lè-l bezwen fè lanmou.
Se yon bezwen tout moun genyen. Ou konnen yon moun renmen w kant li gen feblès pou ou, kant li apresye sa w'ap fè. Sinon, w'ap santi w sèl e ou k'ap vinn irite. Kan yon

moun renmen w, li pa bezwen di w sa, ou santi sa. Pwo.27:19

III. **Chèche konnen bezwen li genyen pou-l bat zèl li.**
Fanm renmen libète-l. Li dwe ranje kò-l pou-l sa viv ak mari l. Men li pa bezwen yon nonm tankou se yon janda-m deyè do-l. Li pa yon prizonye e ou menm ou pa yon majò prizon.
1. Menm si l'ap travay, fanm nan renmen mari-l bay ti kòb. Li toujou vle patisipe nan yon asosyasyon ou byen nan gwoup nan legliz. Si ou gen malè, ou vle bay li baryè nan sa, li k'ap eklate nan men w.
2. Madanm nan dwe pou konnen tou, ke libète pa vle di lisans. Si se konsa, menaj la ap kraze. Pòl di se pou yo toujou ansanm. 1Kor.7:5

IV. **Chèche konnen bezwen li gen pou l fè yon bagay nan piblik pou yo aplodi-l.**
Tout moun vle lòt moun konsyan ke li itil. Se pou sa nou bay yo diplòm, trofe ou byen nou bat bravo pou yo. Ki sa ki anpeche w di madanm ou ke li pi bèl jodia pase ayè?
E ki sa ki anpeche w madanm pou w di mari w «Cheri, mwen santi-m fyè de ou.» Gade ki jan Letènèl fè ti Jedeyon konpliman, li di'l: Letènèl avè w, vanyan chanpyon. Poutan, Jedeyon pat ko janm ale nan lagè. Konpliman saa te sifi pou li te al goumen ak 120 mil fiistin Li te bat yo ak sèlman 300 solda avè l. Jij. 6: 11-12; 8:10

V. **Chèche konnen bezwen li genyen pou li distrè li**.
Ti rekreyasyon jete tout tansyon kay nou. Se pou tèt sa, Jezi te mande disip yo pou yo pran yon ti vakans, pou lespri yo ak kò ye te k'ap poze. Mak.6:30-31
Nou tout santi nou kontan lè nou soti nan yon piknik, menm si li koute nou anpil kòb. 1Ti.4:8

VI. **Chèche konnen bezwen li genyen pou nanm li.**
Se pa sèl manje, rad ak soulye moun bezwen. Pi gwo veksayon ou kap bay yon moun, se pou w ta anpeche-l al legliz ou byen sèvi Bondye. Si w ta va fè sa, Jezi t'ap rele w farizyen ipokrit. Mat.23: 13
Rekonèt ke vi yon moun san Bondye, li vid. Avan w fini, mwen ta renmen ou poze tèt ou kesyon sa yo
Ki sa ki fè patnè mwen an aji konsa?
1. Ki sa li pi bezwen? Ki sa m ta dwe fè pou satisfè-l.
2. Ki sa-m ta fè pou fè kè-l kontan?
Si w fè sa, se Jezi menm ou ta imite, li menm ki fè tout sa-l konnen pou li satisfè bezwen kè nou. Wo.15:1-3

Pou fini
Ale konsa. Lap bon pou ou. Wo.14: 19; 15: 7

Kesyon

1. Di sis bagay nou blije genyen nan yon maryaj
   a. Ou dwe chèche konnen bout moun nan
   b. Ou dwe chèche konnen lè-l bezwen fè lanmou
   c. Chèche konnen bezwen li genyen pou-l bat zè l li.
   d. Chèche konnen bezwen li gen pou-l fè yon bagay nan piblik pou yo aplodi-l
   e. Chèche konnen bezwen li genyen pou li distè li.
   f. Chèche konnen bezwen li genyen pou nanm li.

2. Ki sa ki kap rive si de moun yo yonn pa konprann lòt? Yo tou de ap malere.

3. Koman yon-n montre ke li renmen lòt la?
   Li dwe montre ke li apresye-l

4. Ki jan ou wè libète yon fanm nan maryaj la?
   Li dwe gen tout libète pou-l di sa-l panse.

5. Pouki sa nou aplodi yon moun apre li gen yon viktwa?
   Paske tout moun bezwen moun konprann pou apresye efò yo.

6. Eske nou kwè ke gran moun bezwen distraksyon tou?
   Naritèlman.

7. Pouki sa lòm dwe satisfè bezwen èspirityèl yo? Paske san Bondye nan la vi-l, kè li rete vid.

Leson 5
Yon patnè manfouben

Tèks pou prepare leson an : 1S.16:7; Sòm. 37:5-6; Pwo.15:1; 17:9; Eza.1:18; Jer.17:9; Ef.5: 22-30
Vèsè pou li nan klas la: Ef.5:22-30
Vèsè pou resite: Nou menm, mari yo, se pou nou renmen madanm nou menm jan Kris la te renmen legliz la, jouk li te asepte mouri pou li. **Ef.5:25**
Fason pou fè leson an : Diskisyon, konparezon, Kesyon
Bi leson an: Fè mari yo sonje devwa yo nan fwaye a.

Pou komanse
Gen anpil fi-y ki marye, yo te mete nan tèt yo ke yap gen yon mari fètefouni. Lè yap rantre fon nan maryaj la, yo rive dekouvri ke se yo menm sèl kap rale kabwèt la. Se depi lè sa tansyon komanse monte nan tèt madanm nan. Li komanse ap fè kolè. Lap di vye koze nan bouch li jiskaske maryaj la kraze. Eske yo ta dwe rive jiskela? Ki jan pou nou abode pwoblèm sa yo?

I. **Fòk nou mete bagay yo nan plas yo**.
Eske se konsa mouche a ye ou byen li vi-n konsa? Depi ki lè li konsa? Ki sa ki lakòz li konsa? An nou chèche rezon yo, mezanmi.

II. **An nou wè kèk rezon**.
1. Maryaj la dwe te fèt twò bonè; moun yo pat gen tan konnen yon-n lòt trè byen. Ou pat janmen wè li nan yon travay pou w wè sa-l renmèt.
2. Nou kite nou twonpe pa aparans. Pwofèt Samyèl te manke pran nan yon kou konsa, si Bondye pat foure bouch nan koze saa. 1Sam.16:7
3. Mari w ta vle trete w menm jan papa-l te trete manman-l. Nan ka saa, ou annik marye ak fotokopi papa-l.

4. Li ka tout rayi konpòtman papa-l e li deside pou li pa fè tankou-l. nan ka saa, li deside pou-l chita pou-l pa fè anyen men-m.
5. Gen moun tou ki te èlve ak ti domestik nan kay yo. Yo konprann tout moun la pou fè tout bagay pou yo e yo pa dwe pèson okenn sèvis.
6. Konpòtman mari w tou kap byen yon fason pou-l montre ke li gen yon bagay kont ou. Li ap fè tout sa-l konnen pou-l fè w fache e pou-l fè w soufri. E sa fèt paske li gen yon bezwen ke ou pa konnen, ke li pap di w e ke ou poko kap dekouvri-l pou w bay li satisfaksyon. Ki sa-l ye? Mwen menm tou mwen pa konnen.
Eske se lanmou? Libète? Apresyasyon? Eske lap sonje yon ansyen menaj ou byen se Bondye li anvi sèvi? Pwovèb la di: "Se kouto sèl ki konnen sa ki nan kè yanm». Jér.17:9

I. **Ki jan pou w wè kesyon saa.**
   1. Bat pou w pa di mouche a yon mo deplase. Si wap kritike-l, li pral kritike w tou. Li pral kenbe nan tèt li tout move pawòl ou di pou-l fè pi mal. Li pap janm chanje tout swit paske yon pawòl anmè fè moun nan fache. Pwo. 15:1
   2. Bat pou w pa fè okenn komantè sou fòt li ou sou fòt paran-l. Sa ap lakòz pi gwo divizyon ak zizani. Pwo.17:9
   3. De preferans, ofri-l sèvis ou. Si-l dakò, ou kap gen yon chans pou w dekouvri bezwen-l e wa kap konnen pouki rezon li aji an manfouben.
   4. Pa vinn ak vye souvni relason ou ak ansyen mari w ou byen ak ansyen menaj ou. Si ou fè sa, li pap korije menm e li va komanse rayi w.
   5. Abòde kesyon an direkteman e eseye konprann li. Eza. 1:18

6. Pran Bib ou tankou yon gid. Renmèt kòz ou a nan men Senyè a! Mete konfyans ou nan li l'a ede ou. La fè jistis ou parèt aklè tankou yon limyè, l'a fè rezon w parèt aklè tankou gwo solè-y midi. Sòm.37:5-6

Pou fini

Bondye nou an se yon Dye ki kon-n reskonsablite-l. Li fè nou tankou-l. Si sa pa mache byen, ale kote-l. Li gen solisyon an.

Kesyon

1. Dapre leson saa, ki erè moun marye yo kon-n komèt?
   Yo kwè ke mari a se moun ki kon-n pran reskonsablite-l
2. Ki rezon ki fè yon mari kapab manfouben?
   a. Ou pat pran tan pou w konnen moun nan avan w marye avè-l
   b. Ou kite w twonpe pa aparans
   c. Mari w ka byen vle imite paran-l.
   d. Li kap byen vle fè toutafè le kontrè.
   e. Mari w kap byen yon moun yo te dolote lè-l ti moun
   f. Li kap gen yon bagay kont ou men li pa di w sa
   g. Li kap gen pwòp problèm li ke li menm pa kapab konn sa-l ye.
2. Ki jan pou w abòde pwoblèm saa ?
   a. Fòk ou abòde-l ak sajès
   b. Se pou w pa denigre-l
   c. Se pou w pa fè komantè sou fòt li ak sou fòt paran-l.
   d. Se pou w ofri-l sèvis ou.
   e. Se pou evite pale avè-l de ansyen mari w ou byen de ansyen menaj ou.
   f. Abòde kesyon an kareman ak li
   g. Sonje sèvi ak Bib ou nan ka saa.
3. Ekri vèsè nou jwen nan Pwo. 15 :1

Leson 6
Ka de yon mari ki pa gen tan pou madanm li

Vèsè pou prepare leson an Lik.10:40-41; Gal.5:15; Kol.3:21; 1Ti.5:8

Vèsè pou li nan klas la: Lik.10: 38-42

Vèsè pou resite: Jezi reponn li: Mat, Mat. W'ap trakase tèt ou, w'ap bat kò ou pou yon bann bagay. Men, se yon sèl bagay ki nesesè. Se li Mari chwazi, yo p'ap janm wete l' nan men li.**Lik.10: 41-42**

Fason pou fè leson an: Diskisyon, konparezon, Kesyon

Bi leson an: Montre ki jan maryaj la ka gate lè bagay yo ale twò lwen.

Pou komanse

Jezi te di ke se pa manje sèlman ki fè moun viv. Gen mari ki travay sèlman pou pote manje la kay la. Se pa manje ki manke men malgre tou fanmi-y an ap soufri.

I. Koman gason an kap travay di a wè bagay yo?

1. Li konnen pou-l travay di pou moun kay la pa soufri ak grangou, e pou yo pa manke anyen.
2. Tout moun nan kominote a respèkte-l et yo fè-l konpliman pou bèl bagay li fè. Epoutan ni madanm li, ni ti moun yo, yo pa gen kè kontan paske yo pa wè-l fasil.
   a. Gen yon lè ki rive kote tout ti moun ale chemen yo epi yo kite manman yo lakay la ap mennen yon vi chagren. Se lè sa misye wè ke li pat okipe-l de sa ki pi enpòtan yo.
   b. Li te bliye rezève yon plas pou fanmi-y li. Pòl bay li yon repwòch. 1Ti.5:8
   c. Jezi menm te di Mat, ke li tap kraze kò-l pou gremesi. Lu.10:40-41

II. **Dapre ou menm, ki sa ki nan tèt misye a?**
1. Li dwe te vle montre tout moun ke li pa mal pase sa. Konsa li vle fè tout bagay dis sou dis.
2. Li kapab soufri tou ak yon konpleks enferyorite. Tout tan paran-l konn ap di-l «li pa vo anyen». Li vle fè tout moun konnen ke se pa vre.
3. Li kap chèche lanmou tout bon an. Paran-l te kon-n di-l: «Si ou fè devwa ou byen n'ap renmen ou.» men yo pat jan di-l ke yo renmen-l san okenn kondisyon. Konsa li pasyonen nan tou sa lap fè pou montre tout moun ke li gen yon valè.

III. **Lap travay toutan pou-l pa nan kont ak pèsonn.**
1. Li renmen plede ak moun pou-l bat pou-l premye, men li pap chèche moun kont.
2. Li pito rete byen ta nan travay tan pou-l nan kont ak yon madanm tatalolo, yon madanm kap repwoche-l ou ki vle fè-l santi-l enferyè.
3. Si se madanm nan ki nan ka saa, li pito fè de jòb. Se yon fason pou-l kouri kay la, pou-l pa rankontre ak mouche a nan kay la.
4. Gen kèk sèvitè Bondye menm ki nan menm ran ak moun sa yo.
5. Gen moun tou kap bat pou touye tan an e poutan se tan an kap touye yo. Yo mouri ak epizman.

V. **Ki jan pou nou rezoud pwoblèm saa?**
Tout dabò, pa vini ak okenn repwòch, ni babye. Sa pap mache ditou. Touto kontrè:
1. Fè moun nan konpliman pou sa li reyalize nan kominote a e pou jan li popilè.
2. Fè li konpliman pou jan li pran swen fanmiy la ak paran pa w. Pwomèt pou w ede-l jan w kapab.
3. Chèche konnen rezon ki fè li aji konsa. Si w mal konprann li, mande-l pou-l eklere w. Si ou menm madanm ou rekonèt ou gen ti tò w tou, se pou w dakò pou w chanje konpòtman w.

2. Se pou w poze tèt ou kesyon pou w wè si w pa ta dwe chanje atitid ou pou w konprann patnè w pi byen.
3. Sonje ke w pap jan kapab chanje patnè w, men ou kapab pote-l a pran yon pi bon direksyon.
4. Pòl di « se pou nou evite yon-n mode lòt, yon-n devore lòt pou yon-n pa detwi lòt. Ga. 5: 15
5. Konnen byen ke lè w fè yon ti moun fache, li kap dekouraje. Se menm jan tou pou moun nan ou marye avè-l la. Li kap vle kite sa. Kol.3:21

Pou fini
Sonje ke nou nan menm ekip. Nou gen menm advèsè. Bat pou nou gade nan menm direksyon. Depi se Jezi nou pran pou kapitè-n, nou pa gen dwa pèdi batay.

Kesyon

1. Ekri vèsè nan 1Ti.5:8 e di ki sa nou jwen ladan
2. Ki sa yon mari ki two okipe renmen fè?
    a. Li travay di pou okipe fanmiy li
    b. Li travay di pou moun kap respekte-l.
3. Ki pwoblèm ki gen nan sa lè li travay twòp?
    a. Li pa bay kont tan a fanmi-y. Fanmi-y an soufri de sa Ni madanm nan, ni pitit li pa renmen-l twòp pase sa.
4. Ki sa nou kwè lap chèche?
    a. Lap chèche pwòp tèt li
    b. Li bezwen moun aplodi-l
    c. Li renmen konkirans pou moun pa pase devan-l
    d. Li vle evite gen pwoblèm ak moun lakay li.
5. Koman abòde pwoblèm saa?
    a. Ou dwe fè-l konpliman pou tout sa li reyalize yo.
    b. Ou fè-l konpliman tou pou swen li bay fanmi-y nan.
    c. Ou dwe chèche konnen ki sa ki pouse-l aji konsa.
    d. Ou dwe mande-l ki sa w ta kap fè pou ede-l.
    e. Bat pou w pa fache. Si w fache, ou gate sa nèt ale.
6. Ki sa ou dwe sonje?
    a. Ou dwe sonje ke patnè a pa yon ledmi pou rou.
    b. Sonje ke nou nan menm ekip.
    c. Sonje ke lèdmi nou li devan nou men nou menm nou pa lèdmi antre nou.
7. Ekri Ga.5: 15. Pase yon ba anba vèb yo.

Leson 7
Yon patnè ki fouryapòt

Vèsè pou prepare leson an Jer.2:18; Pwo.12:15; 1Kor.12: 4-11; Ef.5:22-33; 6:4; 1Pyè.3:7
Vèsè pou li nan klas la : Ep.5:22-33
Vèsè pou resite: Seyè a, Bondye a, di ankò. Sa pa bon pou nonm lan rete pou kont li. M'ap fè yon lòt moun sanble avè l' pou ede l'.**Jen.2:18**
Fason pou fè leson an: Diskisyon, konparezon, Kesyon
Bi leson an: Bandonen tout vye bagay ki pou fè nou fè tansyon pou gremesi.

Pou komanse
Nan pwen bagay ki bay moun degou konsa kant wap viv ak yon patnè ki fouryapòt. Li vle fouye w pou-l konnen tou sa wap fè. Li vle kontwole w tankou yon mont.

I. Li fè sa nan relasyon w kòm mari ak madanm
1. Se pou-l mande w kote w te ye, ki sa w tap fè. Lap veye w e li kap menm mete moun veye w.
2. Li vle konnen ki moun ki te chita kote w nan bis la, nan tren an ou nan avyon an.
3. Li vle ou rann li kont de lajan ou depanse pou paran w ou menm si ou te fè yon moun kado yon lajan.
4. Pou gason an menm, li vle se li ki pou gen dènye mo a, sou pretèks ke Bib la di : « mari a se li ki chèf madanm nan. Ef.5:23

II. Li fè sa nan relasyon w ak moun ki travay menm kote avè w.
1. Li vle konnen tout detay nan kote wap travay la, bagay ki pa gen okenn rapò ak vi li nan fwaye a.
2. Kan w touche, ou dwe pote chèk la bay li. Li di ou se gaspiya. Se yon pretèks li pran pou se li menm sèl ki gen dwa lajan nan kay la.

3. Si w vle fè-l yon kado, se li pou w mande-l kòb la. Ala zafè papa!

III. Pwoblèm ki genyen ak sistèm saa
1. Moun sa ki otoritè a, li toujou prèt pou monte vwa li e li vle fè w konprann ke se li ki gen rezon.
2. Byen souvan, li kraponen w pou-l rive fè sa ki nan lide-l la.
3. Kan se madanm nan ki vle kontwole gason an, li fè je chèch, li pran pòz fache-l, li kap pran kriye, pran pòz endispoze, ou byen li pran pale vit, li fè kont manti, kont egzajerasyon, tout sòt mannigèt pou-l fè mari a di-l tout verite.
4. Kant se mari a ki vle kontwole madanm nan, li monte vwa li, li pase yon lòd ou byen li fè gwo menas pou kraponen madanm li.

IV. Ki kote nou jwen kalite de jan de moun sa yo?
1. Nou jwen yo pami gason ki marye ta
2. Nou jwen yo pami moun ki elve pou kont yo.
3. Nou jwen yo nan fanmi-y kote mesye dam yo gen yon sèl pitit. Yo te dolote yo. Yo kwe ke le monn antye dwe sèvi yo e yo pa la pou sèvi pèson. Moun pa kap wè bout yo.
  Yo fè gwo bagay nan sosyete a, men yo fè zero nan vi fan-m ak gason nan yon maryaj.

V. Ki jan pou w konsidere sityasyon sa?
1. Maryaj sa yo bezwen toulede ansanm ale swiv konferans sou vi nan menaj. Salomon di: «Si yon moun li saj, li dwe koute konsèy». Pwo.12:15
2. Mari a dwe sonje ke li chèf madanm nan, men li pa dwe yon bouwo pou li non plis. Nou pataje manje a tab, nou pataje menm kabann, men nou dwe pataje sa nou panse a tou. Jen. 2: 18

3. Jézi se chèf legliz. Legliz se kò li. Li pa mare pye legliz. Li menm bay li kèk don pou li sa fonksyonen. 1Kor.12:4-11
4. Pa pran madanm ou pou yon kokobe, jis ou pran maryaj ou a pou w mete-l sou yon branka. Kite madanm ou lib pou-l pran desizyon ki bon pou maryaj la. Se pou sa w marye. Jen.2:18
   a. Dabò menm, pouki gen 2 kanè bank?
   b. Pouki se chak maten avan w soti pou w mete kòb manje a sou tab la?
   c. Pouki se w menm ki pou deside koulè pou moun mete, ki jwèt pou moun fè, ki lè moun gen dwa soti, ki longè pou chak priyè genyen, ki chante pou moun chante? Ou fè tò ni a ou menm, ni a moun lakay la. Bib la di pou nou pa fè ti moun yo fache, pou yo pa dekouraje. Madanm yo tou. Ef.6:4

Pou fini

Mari, montre anpil sajès nan fason nap viv ak madanm nou. Fè-l konsa, souple, pou priyè nou yo kap monte al jwen Bondye. 1Pyè.3: 7

Kesyon

1. Ki sa yon patnè fouryapòt vle di?
   Li vle wè, li vle konnen e li vle kontwole tout bagay

2. Ki jan li montre ke li fouryapòt?
   a. Fòk chak jou li poze w kesyon sou tout bagay.
   b. Li pa bay ou libète pou w aji menm pou kont ou.
   c.

3. Ki sa li fè pou-l konnen ke li gen kontwòl tout bagay?
   a. Li kraponen w
   b. Li pran joure pou se li ki wè bout ou.
   c. Li fè kont mannigèt ak kriye ou byen ak gwo vwa
   d. Li pa bay ou bouch ou pou w pale.

4. Ki kote nou jwen kalite de jan de moun sa yo?
    a. Pami moun ki marye two ta.
    b. Pami moun ki elve pou kont yo
    c. Nan fwaye yon sèl pitit yo tap dolote

5. Ki lide nou kap ba-y pou ka sa yo?
    a. Konseye moun sa yo pou yo al nan konferans sou moun marye
    b. Fè yo sonje ke madanm nan se yon èd li ye, li pa yon èsklav pou w mande-l pou-l fè tout bagay.
    c. Ke madanm nan dwe pou jwi tout libète-l pou byen fwaye a

Leson 8
Patnè ki pap pale menm atò

Vèsè pou prepare leson an: Sòm.37:5; Pwo. 10:19; 15:1; Mat. 26: 37-38; Jan.2:14-16; Wom.2:14
Vèsè pou li nan klas la: Pwo.10:19; 11:12
Vèsè pou resite: Avili yon frè parèy ou, se bagay moun san konprann fè. Yon moun lespri konnen pou l' pe bouch li.
Pwo. 11:12
Fason pou fè leson an: Diskisyon, konparezon, Kesyon
Bi leson an: Fè yon jan pou mari ak madanm nan louvwi bouch pou pale.

Pou komanse
Si mari fouryapòt la vle konnen tout bagay, mari ki pap pale menm nan li refize louvwi bouch li. Kay la tounen yon gwo simetyè sitou pou madanm nan. Ki jan pou w fè ak yon mari konsa?

I. **Mwen kwè li te kon-n pale.**
   Dayè, ki jan li te fè pou jodia nou kap marye? Ki jan nou fè pou nou gen ti moun. Kote maladi pa ka pale sa soti? Se sa nou vle chèche konnen.

II. **Ki sa ki fè mouche a pa pale ankò.**
   Nou pa di nou konnen, men nap chèche konnen.
   1. Gen gason ki pa renmen di pwoblèm yo a pyès moun.
   2. Gen gason ki pap pale, paske madanm yo pale menm sa yo pa wè e gen menm ki renmen fè tenten.
   3. Mari a kap vle kache kèk desepsyon.
   4. Li kap genyen w nan kè pou yon bagay ou te fè-l. Li kap gen tou yon bagay ki peze sou konsyans li e li difisil pou-l konfese-l.

III. **Ki konsekans sa gen la dan**
 1. Lè moun ap toufe kolè yo, lè logey ap monte yo, jou yo eklate, yap eklate tankou yon bon-m. Divòs kap menm mete pye. Lanmò menm kap mete pye.
 2. Premye moun kap viktim, se ti moun yo.
 3. Se pa de pale ki va fèt nan bouch moun ki pa konvèti yo. Wom.2:24

IV. **Ki sa nou dwe chèche konnen.**
 1. Bat santiman moun nan pou w chèche konnen ki sa li bezwen tout bon an.
 2. Gason an kap si tèlman jalou ke li pa vle madanm li fè zanmi gason ni ak fanm kanmarad li. Li wè madanm li gen twòp zanmi.

II. Madanm nan kap pa twouve fason pou-l antre nan santiman mari a, pou-l chèche kon-n bout li. Sa fè yo toujou gen kont. Tou sa-l fè pa bon devan madanm nan. Alafen, li pa pale ankò, li pa bezwen w konnen koze-l. Li dekouraje. Li pran chagren. Li komanse fè sik ak tansyon. Li kap menm fè opresyon ak ilsè nan lèstomak.

III. **Sa nou dwe chèche kout ke kout**
 1. Fòk ou degaje w pou w abòde patnè a ki pap pale a.
 2. Se pou w dispoze pou w korije w si se ou menm ki lakòz li pa pale a.
 3. Bay lanmou tout plas li pandan ke wap neglije vye pawòl san bonsans.
 4. Se pou w dakò si li gen rezon-l. Menm Jezi te fè kolè kont moun ki tap van machandiz nan legliz la.
  Li te gen bagay ki tap fè-l mal nan kè li lè li te nan jaden Jetsemani an avan li te monte sou kwa a. Kolè li a se te pou li te mete lòd nan dezòd. Sèlman li pat kite deprezyon fè-l pèdi kontwòl jouk tan li te kap mal aji. Mat. 26:37-38; Jan.2:14-16

III. **Ki jan pou w viv ak jan de moun konsa**
 1. Tout moun bezwen yon moun pou w di ki sa w santi. Sòm.37:5
 2. Ou dwe evite mo ki kap blese moun nan, ki kap kòz rekonsilyasyon an difisil, menm enposib. Pwo.15:1
 3. Si w kite kay la, se pou w voye bay li yon ti nòt byen klè pou w di-l sa w santi san ou pa di–l betiz. Fè ti lèt saa nan yon bon papye. Bat pou ou pa fè rati ladan.
 4. Nan ti lèt saa, ou kap menm poze-l kesyon tankou:
    a. Chéri, ki sa ou panse de relasyon nou?
    b. Mwen dispoze fè tout sa-m kapab pou ranje tout bagay. Bò kote pa w, ki sa w ta vle m fè pou ranje sitiyasyon an?
    c. Lè w pa pale ak mwen an, mwen santi w meprize m. Mwen dispoze repare tò mwen, kelkeswa sa li ye. Men mwen vle ou kolabore ak mwen.
    d. Mwen pa vle defann tèt mwen. Ou mèt kwè m. Mwen vle sèlman ke ou pèmèt mwen antre nan santiman w ki rete yon sekrè pou mwen. E mwen pa santi m ka viv konsa.
    e. Ou enpòtan pou mwen. Mwen renmen w e mwen vle rete yon zanmi pou rou si sèlman bagay sa yo nan mwen gen toujou yon valè pou rou.

Pou fini

Zanmi m, Jezi te konn moman li te santi-l kraze. Men li te chèche gen de zanmi ak li pou te ba-y li sipò nan move moman li. E ou menm, ki moun ou genyen? Mat.26: 37

Kesyon

1. Ak ki sa yon kay san fanm sanble? Yon simetyè

2. Pouki sa? Paske fanm renmen pale.

3. Ki jan pou w viv ak yon gason ki pap pale?
   Se pou w chèche konnen ki sa ki fè-l pa vle pale a.

4. Ki sa ki kòz li pa vle pale?
   a. Lògey a gason. Li pa vle di koze l a tout moun.
   b. Li pa renmen fanm ki pale anpil
   c. Li kap gen ranki-n a madanm li

5. Ki konsekans atitid sa kap genyen ladan?
   a. Moun nan kap vin malad ak sik ak tansyon, ilsè destomak, opresyon ak chagren
   b. Kolè, divòs, vyolans ak krim ka mete pye
   c. Ti moun yo kap bandonen
   d. Moun enkonvèti yo pran pale mal levanjil

6. Ki sa nou dwe bat pou nou genyen?
   a. Chèche konnen bout moun nan pou w sa viv avè-l
   b. Poze pwoblèm yo san w pa blanmen pèson.   Montre w byen janti e byen dispoze pou ranje koze saa.

Leson 9 Yon patnè kap di w betiz

Vèsè pou prepare leson an Pwo.26:5; Mat.5:11-12; 1Kor.7: 3; Ef.5:23

Vèsè pou nou li nan klas la: Mat.5: 4-12

Vèsè pou resite: Benediksyon pou nou lè moun va joure nou, lè y'a pèsekite nou, lè y'a fè tout kalite manti sou nou paske se moun pa m' nou ye. **Mat.5: 11**

Fason pou fè leson an: Diskou, konparezon, kesyon

Bi leson an: Twouve yon fason pou ede moun kap sibi gwo mo sal nan bouch patnè li.

Pou komanse

Lè nou rive laa, nou tankou nou nan yon fore bwa kote bèt sovaj rete, kote lanmou pa egziste ankò. Se gwo mo sal pou touye moun nan. Maryaj la pa la ankò. Nou sèlman vini pou asiste dega yo ki fi-n fèt.

I. **An nou wè dega yo.**
 1. Pa gen rèspè ankò yonn pou lòt. Konsa lanmou ki te garanti rèspè a, li pa la tou.
 2. Yonn pa fè lòt konfyans ankò. Konsa pa gen ni apresyasyon ni zanmita-y ankò.
 3. Laplipa kap pèdi kontwòl pou di pawòl ki kap touye yon moun. Si sa rive jiske la, e ke moun nan pran sans li, li kap mande patnè li padon. Se yon fason pou wè si yo kap kenbe toujou.

II. **Pouki kalite konpòtman sa yo?**
 Se paske gen moun ki gen lèspri de travè.
 1. Moun nan konprann li konn tout bagay e li pran patnè li a pou moun sòt nèt ale. E li pa pè di-l sa nan figi-l.
 2. Lap konpare patnè li ak yon ansyen menaj pou-l sa imilye-l. E li pa pè di-l sa nan figi-l.

3. Li jouk blanmen pwofesè ki te fè klas moun nan, pwofesè li pa menm byen konnen. E li pa pè di-l sa nan figi-l
4. Konsa li vle desann moun nan jouk tan pou se li ki gen dwa di moun nan sa-l pito e moun nan pa gen dwa louvri bouch li pou-l di yon mo tou.

Kant ou rive nan yon pwen pou w pa kapab tolere yon vi konsa, li bon pou w kite kay pou w al fè kèk jou deyò. Si se gason an ki konsa, li bon pou w kite ti moun yo nan men-l. Nan moman saa, ou pran san w pou w ekri yon lèt voye bay mari a. E men ki sa ou kap di-l.

   a. Ou dwe fè-l sonje ki sa ki te pote-l renmen avè w jouk nou marye. Bon moman nou te konn pase ansanm ak pwogrè nou fè depi nou marye.
   b. Ou dwe pou w di-l konbyen sa ta dwe fè-l mal pou-l ofanse w akòz yon pwoblèm li genyen ke w pa konnen pou se w menm jodia kap pote fado a.
   c. Ou dwe pou w di-l ke ou pa kapab ede-l si li kwè ke li dwe fè w soufri ak pawòl mechan sa yo. Se yon moun ou ye e ou gen yon pwen ke ou pa kapab depase. Ou pa kapab pase tout vi w ap pran bla-m sa yo.
   d. Ou dwe fè-l konnen ke ou pra-l wè pastè w, ou pral wè parenn ak marenn maryaj ou byen yon paran, yon zanmi ke misye kap tande sou maryaj la kap bwete a.

III. **Gen bagay tou ou dwe konnen**:
   1. Si wap tolere yon mari pou-l ap di w betiz jan-l vle, li va kwè ke se yon favè li te fè w lè li te marye avè w. La Bib rekomande pou nou reponn moun fou a selon foli li pou-l pa kwè se bon bagay lap fè. Li pa dwe pou pran sa pou yon abònman. Pwo.26: 5
   2. Konnen ke tout pa bon gen yon bon kote ladan. Se bon kote sa ou te wè ki te fè nou marye. Chèche konnen sa pou w fè pou w ankouraje bon kote saa.

3. Pa chèche vanje, ni pa bay legen, ni pa fèmen tounen w pou w bwè dlo santi. Koule devan-l kant li vle fè lanmou. Se nègè fanm ki non w. 1Kor.7: 3
4. Sonje ke Jezi te pwomèt gwo rekonpans a moun ki soufri gwo mo sa yo akòz de non li. Mat.5: 11-12

Pou fini

Fanm, jwe wòl fanm ou ak soumisyon devan mari w. Yon fwaye pa kap gen de tèt. Si-l monte, ou menm desann pou gen lapè nan fwaye a. Ef.5:23

Kesyon

1. Ki jan patnè ki renmen di betiz la aji?
   a. Li ap imilye w e li kwe ke li toujou gen rezon
   b. Ou pagen anyen ou fè ki bon devan-l
   c. Li pa montre w ni amou ni respè.

2. Poukisa li aji konsa?
   Se paske li pa janm wè bon kote ki genyen nan anyen

3. Ki dega konpòtman sa kap fè?
   Lap detwi respè, amou, konfyans ak apresyasyon ou te gen pou moun saa.

4. Si yon fanm ta nan ka saa ki konsey ou ta va bay li?
   a. Li ta dwe mande mari-l pèmisyon pou-l al pase kèk jou deyò.
5. Kan-l rive kote-l prale a, li ta dwe ekri mari-l pou-l fè-l sonje jan yo tou de te konn viv ansanm, sa yo reyalize ansanm. Li dwe fè-l konnen ke li pa deside tolere maltretman sa yo ankò. Si sa kontinye, lap setoblije wè yon konseye nan zafè maryaj.

6. Ki sa li dwe evite?
    a. Li pa dwe tolere vyolans mari-l
    b. Li pa dwe montre-l twò vle satisfè dezi la chè nonm nan.
    c. Li pa dwe vanje ni non plis tou bay le gen.
    d. Li pa dwe tanmen joure ak mari li.

7. Ki sa li ta dwe fè ojis?
    a. Li dwe aji ak dousè
    b. Li dwe louvri je-l sou pwoblèm nan pou li chèche solisyon
    c. Li dwe fè wòl li kòm fanm e madanm tou, men ak diyite.

Leson 10 Patnè ki renmen goumen

Vèsè pou prepare leson an Egz.20:13; Eza.5:18-20; 1Kor.7: 10-11; Ga. 5: 19-21; 1Pyè.3: 1-7
Vèsè pou li nan klas la: 1Pyè.3:1-7
Vèsè pou resite: Benediksyon pou nou lè moun va joure nou, lè y'a pèsekite nou, lè y'a fè tout kalite manti sou nou paske se moun pa m' nou ye. **1Pyè.3: 7a**
Fason pou fè leson an: Diskisyon, konparezon, Kesyon
Bi leson an: Nou ap bat pou pwoteje moun marye a devan lòt la ki renmen kase batay.

Pou komanse
Zafè de gason ki renmen bat fanm nan vin tankou yon maladi kap fè gwo ravaj e ki gen gwo konsekans chak ane sou ti moun nan maryaj la. Li kap se bat moun, pwovoke moun ou byen abize sèks moun nan.

I. **Ki sa nou rele vyolans sou kò moun nan?**
   Se lè ou bat moun nan, ou pousade l, ou bat pou w toufe l, ou voye bagay dèyè l pou w blese l, lè w fè l menas ak ponyèt ou ou byen ak za m nan men w.
Vyolans sa ka komanse nan bay moun nan kalòt, kout pwen e ou kap touye moun nan tou. Mo sal ka touye nan m moun nan ; men move kou ka touye moun nan nèt. Egz.20:13

II. **Ki sa nou rele vyolans ankò nan la vi moun nan?**
   1. Se kant ou di moun nan pawòl pou desann li, pou blese-l, pawòl ki kap detwi moun nan.
   2. Nenpòt ti bagay, li fè-l gwo konsa e lap chèche bay ou tò pou tout bagay jis li bay ou degou de la vi.Ga.5: 19-21

III. **Ki sa nou rele vyolans nan zafè sèks la?**
   Tout vye pawòl dwòl sou fi-y pou fè moun nan soufri. Tout bagay ou kap fè ak fo sèks pou trete moun nan

tankou yon pwòstitye, tankou yon bèt ou vle dage. Yo rele moun sa yo mazochis, sadomazochis. Eza.5:20

IV. **Kote vyolans sa yo soti?**
1. Pafwa se madanm nan ki two toleran, li bay mesye-a pye sou li. Eza.26:10
2. Ou kap fè moun nan yon repwòch jodia, epi li rekomanse demen pi rèd sanzatann.
3. Madanm nan kap pè di moun sa pou mari a pa bat li pi mal.
4. Li kap sou kont mouche a pou tout sa li bezwen. Si li kite, li pa konn kote-l prale ak ti moun li yo.

V. **Koman pou nou ede ak pwoblèm saa?**
1. Madanm sa dwe kout ke kout wè ak pastè-l ou byen yon konseye nan zafè maryaj. Eza.26:20
2. Li kap kite kay ak avi a otorite legal yo. La voye avize mari a ke si li kwè li kap kontinye konsa, li pap janm mete pye la kay la ankò. 1Kor.7:10-11.
3. Mari a dwe pran san-l si-l vle kontinye viv andedan kay ak madanm nan. Jak.1:20
4. Si sa mache, madanm nan ka dakò rankontre ak mari saa yon kote pou yo manje ansanm yon lè konsa.
5. Li dwe kenbe pou fè nèg la mache e li dwe pwomèt pou li pa rekomanse. Li pa dwe jwe ak la vi-l.
6. Li dwe fè sèman pou-l respèkte libète madanm nan pou-l rèspèkte pèsonalite-l ak diyite-l. Li dwe ensiste pou mari saa mache legliz. Li pap fòse-l konvèti, men omwen, la akonpaye-l legliz.

Pou fini
Si yon moun konvèti, li chanje. Zafe vyolans la li fini e lanmou yon pou lòt la ap tounen tou nèf. Degaje nou mesye dam.

Kesyon

1. Di nou twa ka de vyolans lakay
2. Zafè bat moun nan, maltrete-l, zafè imilye moun nan nan diyite-l, zafè fè sèks ak moun nan ak vye bagay pou fè-l soufri.
3. Ki sa nou rele vyolans sou kò moun nan ?
   Se bat moun nan ak baton ou ak men w
4. Ki sa ankò nou rele vyolans ?
   Tout vye pawòl pou blese moun nan, pou desann li pou bay li degou de la vi.
5. Ki sa ki vyolans sou zafè sèks la?
   Tout manigèt pou fè moun nan soufri nan chè li, nan yon fason pou w avili-l.
6. Kote espri sa soti?
   a. Nan moun ki pat janm gen okenn edikasyon sou zafè sèks.
   b. De madanm nan ki tolere mari a twòp.
7. Ki jan trete pwoblèm saa?
   a. Madanm nan kap wè ak pastè li sou sa ou byen wè yon moun ki konpetan pou bay li konsey sou zafè maryaj.
   b. Li kap deside separe yon ti moman ak mari saa pou pwoteje la vi-l.
   c. Mari a dwe pwomèt pou-l pa rekomanse. Li dwe pwomèt pou-l respèkte pèsonalite madanm nan.
   d. Madanm nan dwe mennen yon vi de priyè. Fil.4:6
8. Ekri vèsè sa nou jwen nan 1Pyè.3 :1

Leson 11 Yon patnè kap twonpe lòt la

Vèsè pou prepare leson an. Rit 1:6-18; Eza. 26:3; Eze.18:20; Tra.8:2; Ef.4:28; Kol.3:13
Vèsè pou li nan klas la: Rit.1: 11-18
Vèsè pou resite: Kote w'a mouri a, se la m'a mouri tou. Epi se la y'a antere m' tou. Mwen mande Seyè a pou l' ban mwen pi gwo madichon ki ka genyen, si se pa lanmò ki pou separe nou. **Rit.1:17**
Fason pou fè leson an: Diskisyon, konparezon, Kesyon
Bi leson an: Pale de fidelite nan maryaj tankou se yon angajman pou la vi.

Pou komanse
Depi lè yo tap marye, patnè yo te pran angajman devan Bondye e devan tout moun pou yo rete fidèl jiska la mò. Si yonn twonpe lòt, nou di ke li vyole sèman an.

I. **Ki sa enfidelite a ye ojis.**
   Li vle di ke moun nan pa sensè, li pa gen karaktè. Sa la kòz ou mete maryaj ou a nan gagòt. Eza.26:3
   Enfidelite a se yon trayizon a maryaj la. Moun nan fè zak ki kap anile maryaj la. La men, dout ak depi antre pou mete lanmou an deyò nan kè lòt patnè a.

II. **Li mete maryaj la nan yon kondisyon ki tris**:
   1. Kè lòt patnè a kase. Lap fini sou pye.
   2. Ni kriye, ni kolè vinn ansanm tank moun nan endiye. Lè konsa, li pi bon kite moun nan kriye kont li pou-l sa soulaje. Gade ki jan frè ak sè legliz yo te pete rele lè yo touye Etyèn. Tra.8:2

III. **Kijan pou w jere sityasyon saa.**
   1. Tou le de moun yo dwe pale pou di sak nan panse yo, sa yo ta vle san blanmen pèson. Yo dwe poze pwoblèm nan jan-l ye a.Eza.1:18

2. Yon-n dwe trete lòt ak respè pou w wè si lanmou an ta kap retounen
3. Yon-n dwe mande lòt sèvis san fè okenn egzijans.
4. Patnè ki koupab la dwe pou-l koupe tout relasyon posib ak moun li te fè adiltè avè-l la pandan ke yap bat pou retabli konfyans yonn nan lòt nan maryaj la. Eza.26:3; Ef.4:28
5. Yonn dwe padonen lòt san li pa oblije tout tan ap repete moun nan sal te fè ki malonèt la. Si li pafè sa, Satan kap mete sou kè lòt la yon lide vanjans. Lè konsa, moun nan ki koupab la ap twouve eskiz pou fòt li a e li kap rekomanse pi mal. Kol.3:13

   Sèlman, si patnè a pa vle pran koulè, se bagay ki regade-l ak Bondye.
   a. Pa fè tèt ou mal pou pèson. Chèche pito pwoteje enterè w ou nan kondisyon maryaj sa ye a.
   b. Ou dwe pou bay tèt ou kouraj pou w di : « mwen papa mouri, m-ap viv paske mwen gen pou-m rakonte sa Bondye m nan fè pou mwen.
   Sòm.118: 17

Pou fini

Nan la vi, chak moun gen yon kwa pou w pote. An nou ale jouk sou kalvè a. Padonen tout moun ki ofanse nou epi kite rès la nan men Bondye nou ki gen gwo ponyèt.

Kesyon

1. Ki sa maryaj ye?
   Se yon kontra yon fanm ak yon gason fè pou kont yo devan Bondye pou yo viv ansanm jouk yo mouri

2. Ki sa enfidelite a ye?
   Se lè ou fè adiltè sou moun nan.

3. Ki sa ki rive tout swit? Kè lòt patnèt a brize.

4. Ki sa nou ka fè nan ka saa?
   a. Tou de moun yo dwe chita pou konsidere pwoblèm nan san blanmen yonn lòt.
   b. Yon dwe trete lòt ak respè
   c. Yo dwe bat pou yo pale ak sajès
   d. Moun nan ki fè adiltè a dwe pou koupe tout relasyon ak moun li te tonbe avè-l la.
   e. Yon-n dwe padonen lòt.

5. Ki sa pou w fè si moun nan ki an fòt la vle rete nan peche-l?
   a. Sa se pwoblèm pa-l ak Bondye
   b. Lè konsa ou dwe pran tout dispozisyon w pou w sove enterè w nan maryaj saa.

Leson 12
Maryaj ak yon moun ki pa konvèti

Vèsè pou prepare leson an 1Kor.7:3-5; Ef.5:23; 2Ti.3:1-9; 1Pyè.3:1-7

Vèsè pou nou li nan klas la: 1Pyè.3:1-7

Vèsè pou resite: Eske ou konnen, ou menm madanm ki gen konfyans lan, si ou p'ap sove mari ou? Eske ou konnen, ou menm mari ki gen konfyans lan, si ou p'ap sove madanm ou? **1Kor.7:16**

Fason pou fè leson an: Diskisyon, konparezon, Kesyon

Bi leson an: Bay moun nan ki konveti a kèk konsèy pou wè ki jan li kap mennen patnè li a a Kris.

Pou komanse

Gen anpil maryaj kap bwate paske mari a pa konvèti. Fi-y a te marye ak espwa ke la mennen mesye-a ba-y Kris. Men se le kontrè ki rive. Se mesye a ki vle trennen madanm nan nan monn nan. Ki jan sityasyon sa yo konn prezante?

I. **Mari a aji tankou monden**.
   1. Li renmen plezi, dwòg, jwe daza ak lòt fi-y tou.
   2. Madanm nan bouke envite-l legliz. Li toujou jwen yon pretèks pou-l pa akonpanyen madanm li. Si madanm nan vle pale, li fè pi mal. Li kap menm odonen-l pou-l fèmen bouch li.

II. **Ki jan poul soti nan kalite sityasyon saa?**
   Tou dabò, madanm nan pa dwe bliye ke depi yon fi-y ap pale anpil, gason an ap kite kay la pou li. Li dwe bat pou-l genyen mari-l san pale anpil. Nou pral bay ou 7 resèt pou sa:
   1. **Madanm nan dwe pou-l jantil.**
      Yon fi-y ki malèdve, ki renmen joure, fè tenten pou tout bagay, ap gen anpil difikilte pou genyen mari saa.
   2. **Madanm nan dwe kenbe bouch li.**
      Gason pa renmen moun pale koze yo deyò ak lòt moun. Si ou gen yon pwoblèm ak mari w, pito ou pale

de sa ak paran mari w si nou viv byen antre nou, men janmen ak paran pa w. Si ou wè paran pa w, se la gè ou leve. Moun kon-n mouri nan la gè.

3. **Madanm nan dwe ranpli devwa-l kòm madanm.** Otan ke-l kapab, madanm nan pa dwe fè mache nwa ak sèks li, pou-l ba-y mesye a anbago. Si w fè sa, ou bay li pretèks pou-l al jwen lòt fi-y. Li kap menm dòmi deyò. 1Kor.7:3-5

4. **Madanm nan dwe okipe kay li.**
   Li dwe okipe mesye a ak ti moun ki nan kay la.
5. **Madanm nan dwe kenbe tèt li nan bon jan pwòpte.** Yon mari ki pwòp pap janm tolere yon fanm ki pa kenbe twalèt li. Li dwe bay mari a danvi pou file-l e pou rete bò kote-l.
6. **Madanm nan dwe pou-l pa kenbe lèdmi ak mari li.** Sa se yon gwo kalite pou yon kretyen. Sa pa vle di depi mari a vle ou déjà twò vle. Gason ki serye a renmen fi-y fè ti kapris yo. Ou pa montre w twò fasil.
7. **Madanm nan dwe yon kretyen ki gen konviksyon** Pawòl Bondye a dwe dominen tout vi li. Li dwe yon fan-m de priyè. Li dwe sonje ke nan fwaye a, gason se chèf fan-m, menm li pa chèf nan-m li. Ef. 5:23

Pou fini
Pami tout disip Jezi yo, se Pyè ki te pi renmen pale anpil. Mwen pa kwè madanm lite konsa. Sa ta va bon pou Pyè! Li dwe te fè yon bon chwa. E w menm? 1Kor.9:5

Kesyon

1. Ki sa ki kon-n rive nan fwaye yonn nan patnè yo pa konvèti?
   Fwaye a mache bwete.

2. Ki jan si la ki pa konvèti a kon-n konpòte-l?
   a. Li renmen dwòg, li renmen plezi, jwèt daza, li renmen fi-y e li pa renmen sèvi Bondye.
   b. Li bat pou-l kraponen madanm li.

3. Ki sa madanm nan ta dwe fè nan sityasyon saa?
   Li dwe bat pou-l genyen mari-l san-l pa pale anpil

4. Ki sa mari yo kon-n fè lè madanm yo pran pale anpil nan kay la? Yo soti kite kay la.

5. Bay nou o mwen senk fason ou kap genyen mari a san w pa pale anpil.
   a. Madanm nan dwe pou bay li bon jan
   b. Li dwe kenbe bouch pou pa mete koze nonm nan deyò
   c. Li dwe ba-y mari li afèksyon.
   d. Li dwe fidèl nan okipe kay li ak ti moun yo.
   e. Lli dwe kenbe kòl pwòp nan bèl twalèt.

Lis vèsè yo

Leson 1
Non, mwen p'ap mouri. M'a viv! M'a rakonte sa Seyè a fè pou mwen. Sòm.118 :17

Leson 2
Tout tantasyon nou jwenn sou chemen nou, se menm kalite tantasyon tout moun jwenn sou chemen yo tou. Men, Bondye li menm toujou kenbe pawòl li: li p'ap kite yo tante nou yon jan ki depase sa nou ka sipòte. Men, lè nou va anba tantasyon an, la ban nou fòs pou nou ka sipòte l', pou nou ka soti anba li. 1Kor.10 :13

Leson 3
Se pou nou yonn renmen lòt tankou frè ak frè k'ap viv ansanm ak Kris la. Nan tou sa n'ap fè, se pou nou gen respè yonn pou lòt, pa konsidere tèt nou anvan. Wo.12 :10

Leson 4
Nou menm ki fò nan konfyans nou nan Bondye, se pou nou ede sa ki fèb yo pote feblès yo. Nou pa dwe ap chache sa ki fè nou plezi sèlman. Wo.15 :1

Leson s 5
Nou menm, mari yo, se pou nou renmen madanm nou menm jan Kris la te renmen legliz la, jouk li te asepte mouri pou li. Ef.5 :25

Leson 6
Jezi reponn li: Mat, Mat. W'ap trakase tèt ou, w'ap bat kò ou pou yon bann bagay. Men, se yon sèl bagay ki nesesè. Se li Mari chwazi, yo p'ap janm wete l' nan men li.. Lik.10 : 41-42

Leson 7
Seyè a, Bondye a, di ankò. Sa pa bon pou nonm lan rete pou kont li. M'ap fè yon lòt moun sanble avè l' pou ede l' Jen.2 :18

Leson 8
Avili yon frè parèy ou, se bagay moun san konprann fè. Yon moun lespri konnen pou l' pe bouch li.. Pwo. 11 :12

Leson 9
Benediksyon pou nou lè moun va joure nou, lè y'a pèsekite nou, lè y'a fè tout kalite manti sou nou paske se moun pa m' nou ye. Mat.5 : 11

Leson 10
Menm jan an tou, nou menm mari, nan tout bagay se pou nou viv byen ak madanm nou paske yo pi fèb pase nou. 1Pyè.3 : 7a

Leson 11
Kote w'a mouri a, se la m'a mouri tou. Epi se la y'a antere m' tou. Mwen mande Seyè a pou l' ban mwen pi gwo madichon ki ka genyen, si se pa lanmò ki pou separe nou! Rit.1 :17

Leson 12
Eske ou konnen, ou menm madanm ki gen konfyans lan, si ou p'ap sove mari ou? Eske ou konnen, ou menm mari ki gen konfyans lan, si ou p'ap sove madanm ou?. 1Kor.7 :16

Dife Tou Limen Seri III

Lèt Apòt Pòl A Kretyen Nan Peyi Galat Yo

Avangou

Gen de gwo verite ki parèt nan lèt sa ke Apòt Pòl ekri a kretyen nan legliz Galat la. Se Kontra Bondye li menm ak pèp Izrayèl ke nou rele Ansyen Testaman e Kontra Jezikri ak Legliz li ke nou rele Nouvo Tèstaman. Moun nou wè ki te alatèt nan premye kontraa, se te Moyiz e nan dezyèm kontraa se te Jezikri, pitit Bondye nou an.
Pa gen yon lè nou te jwen de kontra sa yo melanje ansanm. Premye kontra li la pou montre nou pou ki rezon gen yon dezyèm kontra.
Nou vle di w tou ke Liv saa, se pa yon chire pit ak okenn lòt relijyon. Se sèlman yon envitasyon nou fè a moun kap etidye Bib la pou yo wè diferans ki gen ant de Kontra yo. Yonn ak Izrayèl, lòt la ak Legliz Jezikri a.
Puiske Lèt sa te pou moun payen nan peyi Galat ki te konvèti, li sanse pou nou tou ki payen ki vinn konvèti tou. Se pou rezon sa nou ta mande w pou w fè wout ansanm ak nou nan Etid sa, e na va bay Sentèspri a plas pou-l sa gide nou.

Pastè Renaut Pierre-Louis

Leson 1
Pou ki rezon apòt Pòl te ekri lèt sa a kretyen nan peyi Galat

Vèsè pou prepare leson an Jen.17:9-14; De.10:16; 30: 6; Lam.2:6; Oze.2:13; Mat.11:29 Tra.2:5-11; 15:1-11; Ga. 3:1; 5: 3-12; 6:12-17; 2TI.3:12

Vèsè pou nou li nan klas la: Ga.6:12-15

Vèsè pou resite: Nou menm moun peyi Galasi, ala sòt nou sòt! Kilès nou kite pran tèt nou konsa, nou menm ki te konnen tout ti detay sou jan Kris la te mouri sou kwa a? **Ga.3:1**

Fason pou fè leson an: Diskisyon, konparezon, Kesyon

Bi leson an: Fè kretyen yo konprann pou yo renonse a Lwa ak sikonsizyon an pou yo asèpte Jezikri pou sovè yo.

Pou komanse
Men yon kesyon ki fè moun pale anpil apre fèt Lapannkòt la: Zafè obsève lwa ak zafè sikonsi a. Kote pwoblèm sa soti?

I. Men ki kote
Apre fèt LaPannkòt la finn pase, te gen menm 5000 jwif nan Diasporaa ki te vinn konvèti kant Pyè tap preche. Tra.2: 5-11 Pami yo te genyen ki te moun nan peyi Galasi. Lè yo rive kay yo, gen yon kòlonn jwif kretyen tou ki vle oblije yo obsève la Lwa e pou yo te sikonsi ti moun yo. Tra.15: 5
La menm, apòt yo konvoke yon gwo rasanbleman nan vil Jerizalem pou debat kesyon saa. An nou chita nan sal la pou nou tande diskou chak moun.

II. Diskou apòt Pyè. Tra. 15: 1-11
1. Puiske Bondye li menm bay Sentespri a payen yo ki konvèti a tankou li fè pou jwif ki konvèti yo. Tra.15: 8
2. Puiske yo sove gras a fwa yo tankou nou menm. Tra.15:9, 11
3. Puiske kounyeya yo anba jouk Kris la tou, Mat.11:29
   Mwen pa dakò pou yo obsève la lwa Moyiz la. Si nou ta fè sa, konnen ke n'ap chèche pwoblèm ak Bondye.Tra.15: 10

III. **Diskou Pòl ak Barnabas**
Yo te sitou rakonte:
1. Gwo mirak ak mèvèy Bondye te fè pami payen yo.
2. Koman yo fè bòkò yo te rele Elima a tonbe avèg. Tra.13: 10-11
3. Yo te pale de konvèzyon prefèt women yo te rele Sergius Pòlus la. Tra.13:12
4. Anpil payen ki te konvèti nan vil Antiòch la. Tra.13:48
5. Gerizon non-m ki tap mache bwete nan bouk Lystre la Tra.14: 9-10
6. Anpil legliz ki louvri nan peyi Antiòch la pou payen yo ki konvèti. Tra.14: 21-23

IV. **Desizyon ke lapòt Jak te bay**
1. Zafè pou mou'n sikonsi a, payen konvèti yo pa ladan, paske se bagay nan tan Moyiz pou jwif ki t'ap viv sou la Lwa. Tra.15:19
2. Pito nou di yo pou yo pa manje vyann ki te déjà ofri an sakrifis a dyab la, pou yo pa nan vi dezòd e pou yo pa manje bouden san ak bèt ki mouri toufe. Tra.15: 20

Si nou gade byen, Moyiz te déjà pèdi tout popilarite-l depi plizyè jenerasyon. Nou kap wè sa nan pawòl sa yo : «**Gen kèk moun toujou kap preche sou Moyiz.**» Kèk moun? Kote sakrifikatè yo ak levit yo? Wòl yo pa la ankò. Pwofèt Jeremi ak Oze te pale de sa. Yo di bagay sa yo gen pou yo disparèt. Lam.2:6; Oze.2:13; Tra. 15: 12, 35; Ga.5:3

III. **Ki te wòl sikonsizyon an**.
1. Se te yon si-y de kontra Bondye ak Abraham. Ge.17: 9-14
2. Li kontinye pou li rete yon kontra ak jwif yo. Men sikonsizyon saa te dwe pou li gen relasyon ak vi èspiritèl yo. De.10: 16; 30:6
   a. Li pa gen okenn valè nan kontra la gras la Jezi fè ak nou ki vi-n konvèti. Ga.5:1-6
   b. Pòl modi tout moun ki vle fòse payen yo ki konvèti yo pou yo ta vi-n sikonsi. Ga.5: 12

c. Si nou vle wè sa, gen payen konvèti yo ki te al fè moun sikonsi yo pou jwif yo pat pèsekite yo. Ga.6:12 Nou menm, nou pran vaksen ak san Jezikri, men nou pa te janm pran okenn vaksen ak Lwa Moyiz la. Se poutèt sa, nou kretyen, yo pèsekite nou pou fwa nou nan Jezikri, alòske yo pa pèsekite moun yo kap swiv lwa Moyiz la. 2Ti.3:12; Gal.6:17

Sa ki enpòtan pou Bondye se pa yon zafè de sikonsi, men se pou nou konvèti tout bon. Gal.6:15

Pou fini

Mo sikonsizyon an pa nan vokabilè Jezikri ditou. Mo wap jwen se pito : lafwa, padon, rekonsilyasyon. Kite po w trankil, konvèti e mache dwat nan Levanjil.

Kesyon

1. Pouki sa Pòl ekri lèt a kretyen Galat yo?
   Pou konvenk yo pou yo bandonen Lwa Moyiz la ak tout zafè sikonsizyon an ki pa kapab sove yo.

2. Pouki rezon yo te fè konsil Jerizalem nan?

3. Pou yo te konn sa apòt yo deside sou zafè sikonsizyon ak Lalwa

4. Ki moun ki te pran lapawòl nan konsil saa?
   Lapot Pyè, Jak, ak evanjelis Barnabas.

5. Ki sa Pyè te di nan diskou li a?
   a. Li fè moun nan konferans la konnen ke payen yo te resevwa Sentespri tankou yo
   b. Ke yo sove gras a lafwa nan Jezikri.
   c. E puiske yo anba jouk Kris, yo pa la pou obsève Lwa Moyiz la.

6. Ki sa lapòt Jak te di nan diskou pa li a?
   a. Li di payen yo pa dwe obsève Lwa Moyiz la
   b. Yo dwe sèlman sispan fè manje loa, sispann viv nan dezòd la chè, pou yo pa manje bèt toufe ni bouden san.

7. Ki sa Pòl te di nan diskou pal la?
   a. Li pale de mirak Bondye te fè nan mitan payen yo.
   b. Li pale de anpil konvèsyon ak gerizon.
   c. Li pale tou de anpil Legliz ki louvri nan mitan payen yo

8 Ekri vèsè nou jwen nan Galat. 6 vèsè 15.

Leson 2 Levanjil pa nan demimezi

Tèks pou prepare leson an: Tra. 9: 15; 10:28; 16: 3, 37: 22:2; Wom.5:1; 6:23; 7:15-16; 8:14-15; 2 Kor.5: 17; Ga.1:8-14; 2: 8-20 6:1-9; Ef .2: 6; Fil. 3:5, 20-21

Vèsè pou nou li nan klas la: Ga.1:6-9

Vèsè pou resite : Mwen deja di nou sa, koulye a m'ap repete nou sa ankò: si yon moun vin anonse nou yon bon nouvèl ki pa menm ak sa nou te resevwa a, madichon pou li! **Ga.1:9**

Fason pou fè leson an : Diskisyon, konparezon, Kesyon

Bi leson an: Fè jwif konvèti yo sispan-n obsève Lwa Moyiz la.

Pou komanse

Levanjil nap preche a pa nan okenn konpwomi. Li pa nan patizan ni nan ti pil gwo pil. Pòl pral montre nou sa.

I. **Bondye bay misyon a Pòl pou-l al preche payen yo**
   Levanjil. Tra.9:15; Ga.2:8
   Bondye te prepare-l davans pou sa. Li fè li pale byen 4 lang. Ebre, Grèk, Arameyen ak laten. Tra.16: 3, 37; 22 :2 ; Fil.3:5

II. **Pòl montre yo diferans ki gen nan pwensip Jidayism la ak pwensip Levanjil la.**
   1. Li deklare ke la Lwa se bagay ki ansyen ki pa la ankò. 2Kor.5:17
   2. Si yon moun ta vle mete Lwa ak gras la ansanm, Pòl di ke sa se yon lòt levanjil ki gen madichon ladan. Li pa vle payen yo mele ladan. Gal.1: 8
   3. Pòl kite tout vye tradisyon zansèt li yo. Gal. 1:14
      Li te menm blanmen Pyè devan tout moun paske li tap fè ipokrit li. Fòk ou ta wè ki jan Pyè al sere kant li wè Pòl ap vini devan l. Li ta p manje ak yo. Yon jwif pat gen dwa manje nan mem tab ak yon payen. Men Bondye li menm te revele Pyè pou li pa gade payen tankou moun ki pèdi. Sa li te fè ki mal, se paske li te ale sere pou l te manje ak payen yo. Tra. 10: 28; Ga. 2: 11-14

III. **Pòl fè tout moun konnen pozisyon li nan Jezikri.**
Gal.2:20
1. Se yon afè de relasyon ak Bondye nou an. Pitit ou se pitit ou, li toujou rete pitit ou menm si li pa ak ou nan kay la. Li gen yon rezidans kay la e yonn nan kè w.
2. Mwen pitit Bondye nèt ale. Rezidans mwen se nan syèl la li ye, menm si kounyeya mwen sou la tè. Se la nou kapab konprann Pòl kant li di: «Bondye fè nou leve nan lanmò e li fè nou chita ansanm ak Kris nan wayòm syèl la.» Ef.2: 6

Nou menm se sitwayen syèl la nou ye. Fil.3:20-21

IV. **Pòl pale de jistis Bondye bay nou gras a lafwa nou.** Wom.5:1
1. Si nou vle byen gade, Lalwa montre nou ki peche nou fè men li pa gen pouvwa pou delivre nou anba peche. Wom.7:15-16
2. Lalwa pini dezobeyisans nou men li pa prevwa okenn rekonpans pou moun ki obeyi. Wom.6:23
3. Lafwa nou nan Kris pote pou nou la pè ak Bondye nou an. Wom.5:1
4. Se Levanjil la sèl ki bay nou libète. Wom.8:1

Pou fini

An nou fè fèt pou libète nou gen nan Jezikri. Depi jou nou te konvèti, nou benefisye gwo gras Bondye. Li padonen nou e li adopte nou. An verite, mwen di nou sa : An nou fete nèt ale! Wom.8:14-15

Kesyon

1. Ki lès nan apòt Bondye te chwazi pou al bay payen yo Levanjil la? Pòl

2. Konbyen lang li te pale? Li te pale 4 lang.

3. Di ki lès? Ebre, Grèk, Arameyen ak laten.

4. Ki jan Pòl rele la gras ki melanje ak lalwa? Yon levanjil dezyèm men.

5. Ki jan Pòl modi moun ki vle fè payen yo obsève la lalwa? Li mande pou madichon Bondye tonbe sou yo.

6. Ki jan nou kapab eksplike pozisyon nou nan Kris? Nou deja chita nan plas nou nan syèl la gras a la fwa nan Jezikri.

7. Ki sa ki pèmèt nou trouve jistis Bondye? Kant nou mete tout la fwa nou nan Jezi sèlman

Leson 3
Diferans ant Lalwa ak Lagras

Vèsè pou prepare leson an Ge. 15:18-21; Egz.20:3-17 ; Wa.17:22-23; 1Chr. 18: 1-17; Es.42:6; Ez. 36: 26-29; Lu.1:32-33; Jan.1:17; 1Co.6:19-20

Vèsè pou nou li nan klas la: De.4:1-8

Vèsè pou resite: Pa gen lòt nasyon, li te mèt gran kou l' gran, ki gen bon lòd ak bon prensip pou regle tout bagay san patipri tankou lalwa mwen mete devan nou jòdi a.**De. 4:8**

Fason pou fè leson an : Diskisyon, konparezon, Kesyon

Bi leson an: Moutre nou ki jan pèp Izrayèl te resevwa Lalwaa e ki jan li te obsève-l.

Pou komanse

Lalwa ak Lagras la se de bagay diferan. Yo te parèt nan de (2) lè e nan de (2) kote diferan. Lalwa te bay sou mòn Sinayi. Lagras la te bay sou mòm Gòlgota. An nou fè yon konparezon

Moyiz se chanpyon Lalwaa. Jan.1:17

1. Li te resevwa Dis Komandman nan men Bondye sou Mòn Sinayi. Se ak li Moyiz te gen pou-l dirije pèp Izrayèl la. Egz.20: 3-17
2. Bondye te ekri li ak men li sou yon plak an wòch. Egz.32:16
3. Izrayèl te resevwa tou Lwa sou seremoni yo pou sakrifis a Letènèl. Se levit yo ki te gen pou okipe sakrifis sa yo ak sakrifikatè yo. Lev. 1: 1-17
4. Kontra saa, se te sèlman ant Bondye ak Izrayèl. De.5:15
5. Depi Izrayèl te dezobeyi-l, Bondye voye lòt nasyon pou fè-l esklav. 2Wa.17:22-23

I. Pouki rezon Lwa sa te la?

   1.Li te la tout dabò pou montre a pèp Izrayèl ke Bondye li a pa nan okenn malpwòpte. Li sen.

   2.Li te dwe yon zouti nan men pèp Izrayèl pou-l sa fè konnen Bondye tout bon an a payen yo. Eza.42:6-7

3. Li te dwe rann temwayaj devan yo pou-l di yo ki jan Bondye te delivre yo anba men Farawon ak gwo mirak, koman li te kondi yo depi la jouk yo rive nan Tè ke li te pwomèt a pitit pitit Abraram yo.
4. Dènye rezon an se Bondye ki te vle retabli lezòm nan bon kondisyon sou la tè a. Li te vle repare tout dega Adan ak Ev te komèt nan dezobeyisans yo.

II. Ki jan sa te soti ?

1. Moyiz ki te premye lidè pèp la te chite paske, lè li te rive a Meriba, li te vle fè kòm si se li kite toujou bay pèp la dlo nan dezè a.
Depi lè saa, Bondye fè-l konnen ke li pap gen dwa fè pèp la rantre nan Peyi Pwomès la. Res.20: 10
2. Gen yon tan ki rive, Izrayèl pa vle wè Letènèl ankò pou dirije-l. Li vle fè eleksyon pou mete Letènèl a tè pou yo mete sou tèt yo yon wa tankou lòt nasyon yo, yon wa yo kap wè ki pou mache devan yo. 1S. 8: 6-7 Se depi lè saa, mizè pèp Izrayèl komanse.
    a. Bondye chanje metòd, men li pa chanje plan li. Li te pwomèt Kanaran a pitit pitit Abraram yo. Nou wè pwomès sa reyalize nèt ale sou wa David. Jen. 15: 18-21; De.11:24; 1Istwa.18:1-17
    b. Dapre pwofesi yo, se yonn nan pitit pitit David yo ki va chita sou chèz boure a ki pap janmen detri a. Wayòm sa ap la pou tout letènite. Lik.1: 32-33
    c. Lè saa, Bondye pap mete Lwa sou wòch ankò, men li va mete-l nan kè nou paske se la li va etabli rè-y li. Eze.36: 26-29; 1Kor.6:19-20

Pou fini

Li lè li tan pou zafè Lalwa saa fini pou la gras kapab pran plas li. Se lè delivrans pou tout am pèdi yo ki sonnen. Jezi ki Mesi a vin ranplase Moyiz.

Kesyon

1. Koman yo te rele premye lidè pèp Izrayèl la? Moyiz
2. Koman Bondye te deside gouvènen pèp li a?
   a. Ak Lalwa li bay yo
   b. Ak Moyiz ki la pou reprezante-l
3. Ki lòt pèp ki te gen lwa sa yo?
   Izrayèl sèlman.
4. Ki te rezon yo te gen lwa sa yo?
   a. Pou montre jan Bondye sen
   b. Pou fè lòt pèp yo konnen Bondye tout bon an.
   c. Pou retabli relasyon lòm ak Bondye tout bon an.
5. Ki jan Izrayèl te vle gen relasyon ak Bondye? Li te vle gen pito yon wa ke li kap wè ak de zye-l a la tèt li
6. Ki kote Bondye te finn deside pou l mete lwa pou nou payen yo? Nan kè nou.

Leson 4
Lalwa ak Lagras (pou nou kontinye)

Tèks pou prepare leson an: Es.9: 5; 42: 10; Lu.2:14; 19:10; 23:34; Jan.1: 14-17; 3:16; 14: 3, 27; Ro.8:15-29; 1Co. 6: 19-20; 2Co.12:9; Ga.4: 4-17; Ep.2:8-10; Fil. 4:6; Kol.2:14; Ebr. 1:11; 10:4; 1Pi.1:18; 1Jan.1:7; 3:8b; Jude 24; Ap.1:5b; 22:3-5

Vèsè pou nou li nan klas la: Ep.2:8-10

Vèsè pou resite: Se poutèt sa, nan fon kè m', mwen pito pale sou feblès mwen pou pouvwa Kris la ka mete m' anba zèl li..
2Ko.12: 9b

Fason pou fè leson an: Diskou, konparezon, kesyon

Bi leson an: Konvenk pechè pèdi yo pou yo pran Jezi pou sove yo ak gras la.

Pou komanse

« Nou gen yon pitit ki fenk fèt . Bondye bay nou yon gason. Se li menm ki pra-l chef nou» Se ak pawòl sa yo pwofèt Ezayi anonse pitit wa David la ki gen pou vin waa. Li vin pote delivrans pou tout moun ki te prizonye Dyab la anba chenn peche yo.
Eza.9: 6; 42:10

An nou konpare ministè li ak pa Moyiz.

I. **Jezi pote la gras pou nou.** Jn1:17
   1. Li pa peye Sali nou an ak san bouk, ak san toro bèf. Li pa peye ak dola ni ak lò. Ebre.10:4 ; 1Pyè.1:18-19
   2. Li peye pou nou yon pri ki pi gwo pase tout sakrifis nan Ansyen Testaman an. Jan.3:16
   3. Li te peye yon pri ke pèson pat dispoze peye. Se tèt li menm li bay an sakrifis pou peye dèt peche nou. Li pote pou nou la pè alawonbadè. Lik. 2: 14
   4. Se pa nou ki te vi-n chèche-l. Se li menm ki vi-n pote tèt li. Lik.19:10
   5. Se li menm ki vi-n fè konesans ak nou kant li abiye tèt li ak yon kò ki sanble ak pa nou an. Se te yon fason pou li pwoche nou pi byen. Jan.1: 14

6. Depi lè saa, li siyen lapè ak nou. Li rekonsilye-l ak nou. Jan.14:27
7. Li bay nou yon padon pou tout fòt nou yo. Lik.23: 34
   a. Nou tout nou te **koupab** ak peche Adan an. Jezi vinn libere nou ak fado saa lòske li te peye pri a pou nou sou bwa kalvè. Kol.2:14
   b. Nou tout nou te **reskonsab** tout zak nou komèt dapre move lide kap dominen nou. Jezi vin lave nou de tout peche sa yo ak san li ki koule sou kwaa. 1Jan.1: 7; Rev.1:5b
8. Li bay nou yon delivrans pou tout tan.
9. Jezi se yon sèl pitit la Bondye genyen. Jan.3:16
   a. Nou menm se pitit Adan nou ye ke Bondye fè gras kan nou asèpte Kris pou sovè nou. Ef.2:8
   b. Nou menm se moun Bondye adòpte. Konsa nou pral jwi menm privilèj ak Jezikri. Wom.8:15; Gal.4:4-17
10. Depi lè sa, li pa rele « yon sèl pitit ankò", li rele pito premye pitit la pami lòt frè yo. Wom.8:29
11. Se sa ki fè li pa jennen rele nou frè. Ebre.1:11
12. Li bay nou delivrans pou tout letenite ak bon garanti
    a. Li detri tout zèv Dyab la. 1Jan.3:8b
    b. Li chita nan kè nou pou-l sa gen kontwòl vi nou pi byen. 1Kor.6:19-20
    c. Li prezève nou de tout mal. Jid 24
    d. Li reponn a priyè nou. Fil. 4: 6
    e. Li rezève pou nou yon vil kote li pral rete ak nou pou tout tan gen tan. Jan.14: 3; Rev. 22: 3-5

Pou fini
Jodia se pou chak kretyen sove yo pran chante:
«Mwen pa kapab konnen pouki sa Jezi renmen m konsa.
Pouki sa li vèse san li pou peye dèt peche mwen.
Sèl sa mwen konnen, se li ki bay mwen la vi
Li sove m nan amou li gen pou mwen.
Pandan ke men li ki mètri ap gade mwen, m'ap tan li konsa kap vinn chèche m.

Kesyon

1. Ki sa Jezi te fè pou-l sove pechè pèdi yo
    a. Li te peye yon pri ke pèson pat janm kap peye.
    b. Li pote pou nou yon lapè alawonbadè.
    c. Li bay nou yon padon alawonbadè
    d. Li rèstore nou alawonbadè
    e. Li garanti delivrans nou alawonbadè.
2. Konbyen pitit Bondye genyen? Yon sèl
3. Konbyen pitit Adan genyen? Le monn antye
4. Ki jan nou fè pou nou vin pitit Bondye?
    Kant nou asèpte Jezi pou Sovè nou.
5. Ki privilèj nou gen lè saa?
    a. Jezi rele nou frè li
    b. Li detwi zèv dyab la.
    c. Li fè bitasyon li nan kè nou
    d. Li pwoteje nou de tout mal
    e. Li repon-n a priyè nou
    f. Li rezève pou nou nan syèl la yon bèl vil pou nou viv ladan tou tan.

Leson 5
Gras la te la avan Lwa a

Tèks pou prepare leson an : Jen. 3:7 ; 12 :1-3; 15 :4; 21:1-3; 32 :27-28; Mat. 22: 32 ; Jan.3:16 ; Wo.3:23 ; Ga.3:23-29; Ebr.9:22;

Vèsè pou nou li nan klas la : Ga.3: 23-29

Vèsè pou resite : Si ou se moun Kris la, enben ou se pitit pitit Abraram. Ou gen pou resevwa eritaj Bondye te pwomèt la. **Ga.3: 29**

Fason pou fè leson an: Diskisyon, konparezon, Kesyon

Bi leson an: Demontre ke gras Jezi a te la avan Lwa Moyiz la.

Pou komanse
Pinga nou kwè ke plan Bondye pou sove lòm te komanse ak Moyiz. Li te la depi avan Bondye te kreye planèt saa Jan.1 :29 Nou pral wè sa nan plizyè fason.

I. An nou wè gras Bondye sou Adan ak Ev.
1. Li pat kite mesye dam yo toutouni apre peche yo. Li te abiye yo pito ak yon po bèt. Sa vle di, li te vèse san bèt la pou li te pran po li. Se sa nou rele « Bondye rachte lòm ak san ki vèse a ». Jen.3:7
2. Konsa pa gen oken-n peche ki padonen si san pa koule. Ebre.9:22

I. An nou wè gras la sou payen yo. Abraram se te yon-n nan yo
1. Bondye te mande-l pou-l kite peyi li, nasyon li ak kay paran li pou-l sa suiv li. Jen. 12 :1
2. Li di-l ke tout moun ki sou planèt la va gen benediksyon si yo aji tankou Abraram, men pa tankou Moyiz. Jen.12:3
    a. Bondye pa nan pati pri. Li di « tout moun peche san distenksyon ». Konsa tout moun bezwen gen Sali nan Jezikri. Wom. 3:23

      b. Li di « pa gen zafè jwif ak Grèk, zafè esklav ak moun ki lib, zafè gason ak fanm, paske tout moun fè yon sèl nan Jezikri. Gal. 3:28
3. Se paske Bondye tèlman renmen nou ke li te pwevwa sove Abraram ak tout payen yo, non pa ak Lwa Moyiz la, men pa gras nan Jezikri.
Jen.12:3; Jan.3:16; Gal.3:26
4. Nou vin eritye pwomès la nan Abraram, men se pa nan Moyiz. Ga.3: 28-29

II. **Bondye menm rele tèt li** « Dye Abraram, Izaak ak Jakòb. Pa gen yon kote li di : mwen se Dye Moyiz la ak Arawon. Mat.22: 32
  1. Premye moun nan peyi Babilòn Bondye te fè pwomès se te Abraram. Jen.15:4
  2. Pitit pwomès la se te Izarak. Jen. 21:1-3
  3. Jakòb li menm se te yon gwo mantè, yon gwo vòlè lè li konvèti, Bondye chanje non li. Li rele Izrayèl. Jen. 32: 27-28

Pou fini
Jezi ofri Sali pa gras la a tout moun
Ou menm ki pa konvèti, prese vin pran-l.
Jezi ap padonen w.

Kesyon

1. Depi ki lè Bondye te gen plan pou sove lòm pa gras li?
   Se te avan Moyiz, se te avan li te kreye tè a.
2. Ki premye fwa nou te wè sa?
   Lè Bondye li menm te touye yon bèt pou-l vèse san li epi li te pran po bèt la pou kouvri Adan ak Ev.
3. Ki premye payen nou te konnen? Abraram
4. Bay nou yon prèv ke Bondye te vle sove payen yo depi komanse ak Abraram?
   a. Li pa di li se Bondye Moyiz, li di mwen se Bondye Abraram.
   b. Li pa di lap beni tout nazyon a parti de Moyiz, men apati de Abraram
   c. Li di nou menm se eritye pwomès la apati de Abraram, men pa apati de Moyiz.
   d. Pouki sa Bondye di «li menm se Bondye Jakòb li ye? » Jakòb se yon egzanp de pechè ke Bondye rachte.
5. Ekri vèsè sa nu jwen nan Matye. 22 : 32

Leson 6
An nou konpare de (2) kontra yo

Vèsè pou prepare leson an Jen.12 :2-3,16 ; Egz.19 :5 ; 20 :10 ; 21 :23-24 ; 33 :15 ; Lév.4 :3 ; 13 :45; Rev. 13 :1 Mat.6 :39 ; 11 :28 ; 18 :20 ; 26 :28 ; Lik.1 :35 ; 5 : 20-24 ; 6 :31 ; 16 :29 ; 17 :12 ; Jan.1 :29 ; 3 :16 ; 5 :46 ; 6 :48; 14 :6, 20 ; 18 :36 ; 19 :17-18 ; Tra. 2 :17-19 ; Wom.1 :16 ; 5 :8 ; 6 :23 ; 1Kor.10 :25 ; 2Kor.3 :18 ; Ef.2 :8 ; Kol.2 :9,21-23 ; 1Ti.4 :4-5 ; Ebré.8 : 6-18 ; 9 :13-14 ; 10 :9 ; 1Pyè.1 :19 ; Rev.1 :5
Vèsè pou nou li nan klas la: Hé.8: 6-13
Vèsè pou resite: Si premye kontra a pa t' gen defo, pa ta gen nesesite pou yo ta fè yon lòt kontra pou pran plas li. **Ebr.8 : 7**
Fason pou fè leson an: Diskou, konparezon, kesyon
Bi leson an: montre moun yo tout sa ki bon ak nouvo kontra a.

Pou komanse
Fòk yon moun ta avèg de je pete pou-l pa ta rekonèt e admèt ke misyon Jezi a pa kanmarad misyon Moyiz la. Depi gen nouvo peyi, gen nouvo gouvènman ak nouvo konstitisyon.

Kan lotè Lèt a Ebre yo di ke Ansyen Kontraa te gen defo, sa pa vle di ke li te gen fòt ladan.
Nan langaj teoloji a, yo vle di ke **Premye Kontraa pat gen pwovizyon ase pou pèp payen yo e li pat genyen garanti ke Jezikri li menm li pote nan Nouvo Kontraa**.
Si nou vle wè sa, an nou konpare Ansyen kontraa (A.K) ak Nouvo kontraa. (N.K)
1. A.K. Wayòm nan, se sou tè saa nan bagay materyèl. Jen.12:2-3
   N.K. Wayòm nan li èspirityèl, se nan syèl la li ye. Jan.18:36
2. A.K. Yo te gen Lwa ki reprezante pa Moyiz ak pwofèt yo. Lik.16:29

N.K. Nou gen la gras ki reprezante pa Jezikri ke Moyiz li menm te konn pale de li. Jan.5:46; Kol.2:9

3. A. K. Moyiz pat gen pouvwa pou padonen peche. Lé.4:3
N.K. Jezi kon-n padonen peche paske li menm se Bondye li ye. Lik.5: 20, 24

4. A.K Moyiz te gen misyon pou mennen sèlman pèp Izrayèl la nan Kanaran sou tè a. Nob.13: 1
N.K. Jezi gen misyon pou mennen tout moun li sove yo nan syèl la, ni jwif ni payen. Jan.14:6

5. A.K. Lwa Moyiz la te la pou kondanen moun. Wom.6:23
N.K. Gras Jezikri a li la pou padonen moun.
Ef.2:8 ; Ebre.8 :18

6. A.K. Lwa Moyiz la se te è-y pou è-y, dan pou dan.Egz.21: 23-24
N.K. Lwa Jezikri a se lanmou yon-n pou lòt olye de vanjans. Mat.6: 39

7. A.K. Lama-n nan se te yon nouriti pou ba-y pèp Izrayèl manje pou yon ti moman. Pèp payen yo pat konn zafè lama-n nan. Lik.6:31
N.K. Jezi li menm se pen ki ba-y la vi a pou tout moun, ni jwif, ni payen. Jan.6:48

8. A.K. Israyèl te gen Bondye ak li. Egz.3:15
N.K. Nou menm kretyen nou gen Bondye ak nou, e li nan nou tou. Mat.18:20; Jan.14:20

9. A.K. Izrayèl te gen kèk manje li pat gen dwa manje. Kol.2:21
N.K. Jezi wete tout anbago sa yo pou nou.
1Kor.10:25; Kol.2: 21-23; 1Ti.4:4-5

10. A.K. Pitit Izrayèl yo te dwe sakrifye yon bèt pou dedomaje Bondye pou peche yo te fè. Ebre.9: 13-14
N.K. Ak san pa-l Jezi lave tout peche nou yo. Jan.1:29; Rev.1:5

11. A.K. Moun ki te gen lèp pat kapab sou moun. Lé.13:45
N.K. Jezi geri moun ki te gen lèp, li fè yo gen dwa sou moun. Lik.17:12

12. A.K. Yo pat pran fanm pou moun. Jen 12:16

N.K. Jezi mete fanm nan lasosyete. Lik.1:35
13. A.K. Se te sèl pwofèt yo ki te gen dwa di : « Men sa Letenèl di »
N.K. Bondye mete lèspri li sou tout sèvitè li yo ak sèvan li yo pou yo preche levanjil. Tra.2 :17-19
14. A.K. Bondye renmen jwif avan. Wom.1:16
N.K. Jezi renmen tout moun. Li pran tout moun pou li fè legliz li. Jan.3:16; Wom.5:8
15. A.K. Repo a se te yon jou, jou Sabaa. Egz.20 :10
N.K. Repo pa yon jou ankò. Repo a se yon moun. Repo nou se Jezi. Se li ki repo nou ki vle di Saba nou. Mat.11:28; Ebre.4 :9
16. A.K. Yo te konn touye bòkò yo ke yo te rele pwofèt **Baal yo.** 1Wa.18:40
N.K. Jezi li menm li vle sove pechè a ki pi mal la. Mat.11:28
17. A.K. Lwa a te ekri sou tab ki fèt ak wòch. 2Kor. 3:18
N.K. Jodia Bondye mete pawòl li nan kè nou. 2Kor.3: 18.
18. A.K. Moyiz te chanpyon nan Sinayi. Egz.19:5
N.K. Jézi te chanpyon sou Golgota. Jan.19:17-18
19. A.K. Premye Kontraa te gen defo. Ebré.8 :6-7
N.K. Jezi se te ti mouton an ki pat gen defo a. Li te vin fè kontra a ak san li. Mat. 26: 28; 1Pyè.1:19; Rev.1 :5
20. N.K. Jezi vi-n aboli zafè lwa saa. Ebre.10:9
N.K. Li vin ranplase-l ak Nouvo Kontra li siyen ak san li. Ebre.8 : 7 ; 13: 20

Pou fini

Ayè, pwofèt yo te konn di : « men sa Letènèl di ». Jodia Jezi pase lòd li, li di : « Me sa mwen menm mwen di ». Koute-l. Pa gen moun kap wè papa Bondye si w pa pase pa li. Jan.14:6

Kesyon

1. Pouki sa yo di ke premye kontraa te gen defo?
   Yo vle di ke li pa te gen pwovizyon pou lòt pèp yo. Li te sèlman wè pèp Izrayèl.

2. Sou ki sa obeyisans a lwa Moyiz la te baze?
   Sou benediksyon materyèl

3. Ki moun nan Ansyen Kontraa ki te gen dwa pale ak Bondye? Pwofèt yo

4. Ekri vèsè nou jwen nan Ebre. 8 :7

   _____
   _____
   _____

5. Nan ki liv nan Nouvo Kontraa nou jwen kote li di « men sa Letènèl di a »Okenn kote nan Nouvo Kontraa

6. Ki sa nou jwen pito? Jezi ki di : « men sa mwen menm mwen di nou »

Leson 7
Sa se Nouvo Kontraa ki siyen ak san mwen

Vèsè pou prepare leson an : Egz.19:5; 20:18-19; Esd.10:3 Mak.16:16-18; Lik.22:20; Jan.5:39-40; 8:36; Tra.2:38; Wom. 5:1; 2Kor.3: 6-16

Vèsè pou nou li nan klas la: 2Co.3: 6-16

Vèsè pou resite: Menm jan an tou, apre yo fin manje, li ba yo gode diven an. Li di yo: Gode sa a, se nouvo kontra Bondye pase ak moun. Se avèk san m' ki koule pou nou an li siyen l'.**Lik.22:20**

Fason pou fè leson an: Diskou, konparezon, kesyon

Bi leson an : Fè tout moun rekonèt delivrans nou gras a san Jezikri.

Pou komanse

Lapòt Pòl ke nou rekonèt tankou majò jon nan zafè jou Sabaa, derape a tout boulin kite Jerizalèm ak yon manda arestasyon nan men li pou-l ale sazinen kretyen yo ki te rete nan vil Damas la. Pandan li te sou wout la, Jezi fese-l atè ak yon kout limyè ki vegle zye-l. Lè pou ye-l louvri, se wè li wè li kite zafè Lwa Moyiz la ak tout Sabaa pou li asèpte gras la nan Jezikri.

An nou wè jodia yon konparezon ant misyon Moyiz la ak misyon Jezikri a.

I. **Misyon Moyiz**:
1. Moyiz vini ak
   a. Yon lwa ki la pou touye moun. 2Kor.3:6
   b. Yon lwa pou kondannen moun. 2Kor.3: 9
   b. Yon lwa ki pote lanmò. 2Kor.3:7
   c. Yon lwa ki pa tap dire tout tan. Epoutan li te gen yon pouvwa. 2Kor.3:11
   d. Laglwa Bondye te liminen sou Moyiz. 2Kor.3 :7
2. Jezikri li men, li vini ak:
   a. Lespri Bondye ki bay la vi. 2Kor.3:6

b. Li pote lajistis pou nou. Pat gen moun li te kanmarad li nan glwa li te genyen. 2Kor.3: 9
   c. Misyon li an li pou toutan. Li te gen plis glwa. Kant glwa sa vlope nou, li transforme nou gras a pisans Sentespri a. 2Kor.3: 11, 18

II. Ki enkonveni misyon Moyiz la te gen ladan?
   1. Li te aplike sèlman a pèp Izrayèl. Egz.19:5
   2. Se sèk Moyiz ki te la pou reprezante pèp la devan Bondye. Egz. 20: 18-19
   3. Premye jou pèp sa tande vwa Bondye nan di komandman yo, li tranble kon fèy bwa. Maladi tranble sa mache nan san anpil jwif pandan plizyè jenerasyon. Esd.10:3
   4. Malgre tou, pèp Izrayèl te si enkredil ke menm lè ou bay yo levanjil, yo pa kapab kwè nan Jezi, paske vwal Moyiz la vegle zye yo. Se Lwa ak Saba ase yo konnen. 2Kor.3: 15
   5. Konsa yo pa gen pisans Lesentespri pou fè mirak. Moyiz tap kondui pèp la, men li pat janm mouri pou pèp la. Poukisa? Se paske se pa Moyiz ki te Mesi a, se Jezi ki Mesi a ki sove le monn.

III. An nou wè lavantaj genyen nan ministè Jezikri a
   1. Li vini ak yon kontra li siyen ak san li. Depi lè saa, zafè touye bèt pou padonen peche yo, sa te sispann. Lik.22:20
   2. Jezi pote la vi etènèl. Jan.5:39-40
   3. Li pote padon. Tra.2:38
   4. Li pote la pè ba-y nou.Wom.5:1
   5. Li ba-y nou Le Sentespri depi menm jou nou konvèti a. Tra.2:38
   6. Li ba-y nou pisans pou chase demon e pou-n geri malad. Mak.16:16-18
   7. Li pote libète pou nou. Jan.8:36; 2Kor.3: 17
   8. Jou nou konvèti, vwal Moyiz la tonbe. 2Kor.3: 16

Pou fini

Nou ta swate ke tout moun ta kap chante kantik sa Klòch delivrans la li sonnen pou prizonye yo. Depi Jezi fèt. Se Nouvo Kontra ki va komanse. «Li vini pou li renye nan kè nou.» Tanpri bay li chans pou-l sove w.

Kesyon

1. Di nou ki jan de non ki pat bèl Apòt Pòl kalifye administraksyon Moyiz la. Ministè ki pote lanmò, ministè ki pote kondanasyon. Yon lwa ki vin touye moun, yon ministè ki pat la pou toutan.
2. Di nou bèl ti non ki kalifye ministè Jezikri a.
    a. Ministè ki ba-y la vi
    b. Ministè ki ba-y jistis
    c. Ministè ki la pou toutan gen tan
2. Ki enkonveni ministè Moyiz la te genyen?
    a. Li te la sèlman pou pèp Izrayèl.
    b. Se sèl Moyiz ki te la pou sèvi pèp la entèprèt kote papa Bondye.
    c. Pèp la te tranble lè yo te tande lwa saa.
    d. Yo pat gen Sentèspri sou yo pou yo te fè mirak.
3. Moyi te mouri pou dezobeyisans li, men se pat pou peye dèt peche pèp Izrayèl.
4. Ki avantaj nou jwen nan ministè Jezikri a?
    a. Nou pa bezwen ba-y oken sakrifis pou dedomajman pou peche nou.
    b. Nou gen la vi, la pè ak padon gratis pou tout pechè ki repanti.
    c. Tout sèvitè Bondye gen le Sentespri.
    d. Yo gen pouvwa pou chase demon, pou geri malad nan non Jezi.
    e. Vwal Moyiz la ki te vegle zye yo tonbe kant yo vi-n konvèti.

Leson 8
Koman lafwa a li manifèste.

Tèks pou prepare leson an : Jen.12:1-3; Mak.16:17-18; Jan.1:9; Tra.2:38; 12: 5,17 13:46; 3:12; 4:19-20; Ro.10:17; Ga.3:6-18; 6: 6-18; Ep.2: 6-8; 5:25

Vèsè pou nou li nan klas la: Ga. 3:6-9; 16-18

Vèsè pou resite: Lalwa pa kapab fè Bondye fè pesonn gras. Se bagay ki klè. Men sa ki ekri nan Liv la: Moun Bondye fè gras paske yo gen konfyans nan li, se yo menm ki va gen lavi. **Ga.3:11**

Fason pou fè leson an: Diskou, konparezon, kesyon

Bi leson an: Prezante lafwa nan Jezikri kòm sèl mwayen pou nou sove.

Pou komanse

Men yon lòt vèti nou pral pale de li: lafwa. Nou pap kapab finn di sa li ye. Nou la pou nou admèt li nan sa li kap reyalize. Ki sa lafwa ye ojis ?

I. Men ki kote li soti

1. Li soti nan Bondye. Ef.2:8
2. Li rantre nan ou, kant wap koute Pawòl Bondye. Wom.10:17
3. Li antre an aksyon kan ou konvèti. Ef.2:8
4. Konvèsyon sa pap posib si w refize kite limyè Sentespri a rantre nan kè w. Jan.1: 9; Tra.13:46

II. Men ki prèv nou genyen de la fwa

1. Se sa ki fèt nan la vi yon kretyen ki pa tap janmen fèt si li pat konvèti. Nap di yo kounyeya:
    a. Se manifestayon Sentespri nan la vi kretyen an. Tra.2:38
    b. Se chanjman ki fèt nan vi kwayan an. Nou wè ki jan konviksyon apòt yo te gwo menm si yo te jwen pèsekisyon. Tra. 3:12; 4:19-20

c. Nou wè yo te fè mirak nan non Jezi. Mak.16:17-18
   d. Lòske yo priye, Bondye tande yo. Tra. 12:5, 17

III. **Ki jan lafwa ap dire.**
   1. Nou wè Legliz Kris la kap kenbe paske li bati ak san Jezikri. Legliz se sèl oganizasyon sou la tè ke nou va jwen ankò nan syèl la paske se madanm Jezikri li ye. Se lafwa kap pèmèt nou kenbe jouk la fen. Ef. 5: 25
   2. Gras a lafwa, Bondye **chanje kondisyon** de vi peche nou. Ef.2:8
   3. Gras a lafwa nou, li **chanje pozisyon nou** pa rapò a Kris. Li fè nou chita ansanm ak li nan syèl la. Se pa yon pozisyon fizik pou kò nou, se pito yon mòd de relasyon ak Kris la. Ef.2:6
   4. Gras a lafwa nou li ba-y nou **yon lòt destinasyon**: se sa nou rele lavi pou toutan nan prezans Bondye. Jan.3:16

Pou fini
Bat pou w gen la fwa. Bat pou w kenbe lafwa, konsa wa va gen syèl onon de fwa w nan Jezikri.
Jen. 12: 1-3; Gal. 3:6-9, 16,18

Kesyon

1. Ekri vèsè sa nou jwen nan Ebre.4 :2

2. Ki bi leson saa?
   Prezante lafwa kòm sel fason pou Bondye li menm li sove nou nan Jezikri.

3. Kote la fwa soti?
   Li soti nan Bondye kant nou obeyi a pawòl li.

4. Ki jan w ka fè konnen si yon moun gen lafwa saa?
   a. Lè nou wè chanjman nan la vi l
   b. Lè nou wè kouraj li gen pou sipòte pèsekisyon
   c. Lè nou wè mirak lap fè onon de Jezi
   d. Lè nou wè repons estraòdinè Bondye ba-y a priyè li.

5. Ki prèv nou gen ke lafwa a dire?
   a. Kant nou wè Legliz Kris ki pap kap kraze.
   b. Kant nou wè Bondye kap chanje kondisyon pechè yo
   c. Kant nou wè li chanje pozisyon yo
   d. Kant nou wè li ba-y yo yon lòt destinasyon

6. 6. Ekri vèsè sa no jwen nan Efezyen 2 : 6

Leson 9
Ki pozisyon Lwaa nan dispansasyon lagras la

Tèks pou prepare leson an : Egz.20:19-22; Mat.5:18; Lu.10:23-28; 16: 16-22; Jan.1:17; 19:30; Tra.4:12; 6:7; Ro.3:20; 8:14-17; 10:4; 2Co.5:2-4; Ga.3:7-25; 1Ti.1: 9-10; He.7:25
Vèsè pou nou li nan klas la: Ga.4:1-7
Vèsè pou resite : Konsa, ou pa esklav ankò, ou se yon pitit. Si ou se yon pitit Bondye, Bondye va ba ou tout byen li sere pou pitit li yo. **Ga.4:7**
Fason pou fè leson an: Diskisyon, konparezon, Kesyon
Bi leson an: Montre ke la Lwa gen yon wòl pwovizwa pou li te tan-n gras la vini ak Jezikri.

Pou komanse

Pi gran danje ki pandye sou tèt moun ki konvèeti yo, se si yo ta kwè pou yo obsève lalwa pandan ke yo anba gras Kris la. Se sa Pòl rele « yon lòt levanjil e li mete nou an gad kont li. Me pou ki rezon :

I. Lalwa a se yon dispansayon ki fini fè kous li.
1. Li te rete la jouk nou rive a Janbatis, men li pa ale pi lwen pase sa. Depi Janbatis vini, se wayòm Jezikri a li vin anonse. Lik.16:16
2. Jezi ba-y pwensip li nan Sèmon li te ba-y sou Montay nan. Nou jwen li nan levanjil selon Matye depi nan chapit senk (5) la jouk nou rive nan chapit sèt (7) la.
3. Nou pa dwe melanje Di Komandman (10) an ke pèp Izrayèl te resevwa nan Mòn Sinayi a ak Sèmon Kris sou montay nan. Di komandman an te fè pèp tranble tandike Sèmon Jezi a pat fè sa ditou. Egz.20:19-22
4. Jezi pat vini pou aboli lawa, li te vini pou li akonpli lalwa. Kan Jezi fin akonpli zak pou sove nou sou kwa, li di : tout bagay akonpli. Konsa, lalwa pa gen plas li la ankò. Mat. 5: 18; Jan.19 :30; Ebre.7:18-19

II. Pouki sa lalwa te la ojis?

1. Li te la pou montre nou jan Bondye sen e nan ki otè lòm pap kapab rive si li pa gen yon favè èspesyal de Bondye.
2. Lalwa te tankou yon pwofesè ki te la pou degoche yon ti moun nan jaden danfan. Kan Jezi vini ak Sali gras a lafwaa, nou pa bezwen èd pwofesè lalwa saa ankò. Ga.3:25
3. Li la sèlman pou aji sou moun kap fè gagòt, moun ki ap fè bagay ki sal. 1Ti. 1:9-10
4. Li te la pou montre ke nou pa kapab sove tèt nou ak zèv nou, ak pwòp jefò nou. Si nou byen gade, se sèl Jezi ki te obsève Di Komandman, paske se li menm sèl ki te montre ke li remnmen Bondye nan tout kè li ak pwochen li tankou li menm. Lik.10:22-28
5. Se sa ki fè ke se Jezi sèl ki kap sove moun ki pase pa li pou pwoche papa Bondye. Ebre.7:25

III. Pòl mande payen yo pou yo pran gad yo ak zafè lwaa.

1. Yo dwe konnen ke jistis la pa soti nan la lwa men nan lafwa nan Jezikri. Wom.3:20
2. Yo dwe konnen ke Jezi parèt kan lalwa ap fini pou li kapab sove moun ki kwè nan li. Wom.10 :2
3. Yo dwe konnen ke Abraram pat obsève lalwa e puiske nou menm se pitit Abraram nou ye nan lafwa,
   a. Nou menm nou eritye Bondye selon pwomès la li te fè a Abraram. Gal.3:7
   b. Nou menm se pitit Bondye adòpte akote sèl pitit li Jezikri. Nap eritye ansanb ak Kris. Wom.8: 15-17; Ga.3:7
4. Nou benfisye gras Bondye ke li fè a tout pèp payen yo.
5. Si nou gen malè nou al obsève lalwa, Kris ap lave la men ak nou. Nou pèdi. Wom.3:20
6. Jezi se li menm ki dezyèm Adan an ki vin delivre nou anba kondanasyon ke premye Adan an te lakòz. 1Kor.15:22

7. Dapre konstitisyon pèp Izrayèl ke Bondye li menm li te fè, wa yo ak sakrifikatè yo pat kapab soti nan menm tribi. Sakrifikatè yo dwe soti nan tribi levi, men wa yo dwe soti nan tribi Jida. Puiske Jezi li menm li gen yon sasèdòs a yon wa, li soti nan tribi Jida e li sakrifikatè tou. Ebre.7: 14 (1)
8. Li bay nou yon paradi nan syèl la e li abiye nou ak rad lajistis la. 2Kor.5:2-4
9. Kant nou mouri, nou pap ale kote Moyiz rete, men nou prale kote Abraram rete a, kote moun Bondye rachte yo. Lik 16:22
10. Se sa ke yon kòlonn sakrifikatè te konprann ki te fè yo kite zafè Lalwaa ak Sabaa ak tout sinagòg yo pou yo te kouri asèpte Jezi pou Sovè yo. Tra.6:7

Pou fini
Si se lide w pou w obsève Lwa ak Saba ki te fèt pou jwif yo, mwen ta mande w nan ki lès tribi yo ou ye. Jezi nou an li pa yon Bondye pou yon tribi men li se yon Bondye pou le mon-n antye. Jezi bati legliz, li pat bati sinagòg. Kite Jwif yo nan sinagòg yo. Vinn asèpte Kris pou sovè w. Sonje li te di lap viv chèche legliz, li pap vin chèche sinagòg.

Kesyon
1. Ki pi gwo danje yon kwayan dwe evite?
   Kwè ke li dwe obsève Lwa ak la gras ansanb

2. Jouk ki bò Lwa a te rive? Jiska Janbatis.

3. Ki lè tout lwaa te akonpli?
   Kan Jezi mouri sou kwaa tankou ti mouton sakrifis la pou peye dèt peche nou.

4. Ki sa li te di avan li trepase? Tou bagay akonpli.

5. Ki te wòl Lwaa?
   a. Montre nou jan Bondye li sen

    b. Montre nou ke nou pa kapab sove tèt nou pou kont nou
    c. Mennen nou ba-y Kris ki sèl fason pou nou sove

6. Ki mizangad Pòl te ba-y payen konvèti yo?
   Pou yo pat obsève Lwa Moyiz la

7. Pouki sa?
    a. Paske yo menm se eritye pwomès Bondye nan Abraram
    b. Paske yap sove pa gras, pa mwayen la fwa.
    c. Paske yo menm se pitit adoptif Bondye.
    d. Paske nan letenite, yo pap ale bò kote Moyiz, yo prale menm kote ak JeziKri.

8. Ki moun ki te bandonen lwa sa ak Saba pou yo konvèti?
   Yon kòlonn sakrifkatè nan vil Jerizalèm.

---

(1) Apre wa Salomon te mouri, wayom nan divize an de. Dis tribi nan Izrayèl al swiv Jeroboram e de sèl tribi, Jida ak Benjamen rete ak wa Roboam. Depi lè saa, pèp Izrayel tonbe nan tout kalite mizè.1Wa12 : 10-33

Leson 10
Saba

Tèks pou prepare leson an : Egz.31:16; No.15:32-36; De.5:15; Lam.2:6; Osee.2:13; Mat.11:28-29; Mc.2:27; Jan.5:16-18; 2Co.6:2; Ga.4:10; 2Th.1:8; Hé.4: 9

Vèsè pou nou li nan klas la: Mc.2:23-28

Vèsè pou resite : Jezi di yo ankò: -Jou repo a te fèt pou moun; se pa moun ki te fèt pou jou repo a. **Mak.2:27**

Fason pou fè leson an: Diskisyon, konparezon, Kesyon

Bi leson an : Montre ke kwayan yo pa la pou yo obsève jou Saba.

Pou komanse
Men yon relijyon ki fonde sou yon lwa ak yon jou. Ki jou sa? Yo rele l «Jou Saba» An nou wè ki wòl li genyen nan zafè Sali nou an.

I. Ki sa Saba gen ladan
1. Se te yon jou pou pèp Izrayèl te chita trankil pou-l sonje jan Bondye te retire-l nan esklavaj nan peyi Lejip. De.5:15
Se te yon kontra ant Bondye ak pèp Izrayèl. Egz.31:16
Pèp payen yo pa te ladan.
2. Jwif yo dwe obsève li san gade dèyè. Depi yo pa obsève-l, Bondye pini yo byen di. Te gen yon nonm ki te bliye sa, li al ranmase ti bwa nan raje pou-l fè ti manje-l nan jou Sabaa. Bondye fè touye-l ak kout wòch. No.15:32-36

II. Eske kretyen yo gen yon Saba
1. Wi. Jezi se li ki Saba nou. Ebre. 4:9 Li pa yon jou. Li se yon moun. Se Jezi ki repo nou, se pa yon jou. Mat.11:28
Nou te esklav peche nou. Jezi vin bay nou repo. Li pat ni Samdi, ni dimanch. Se li menm ki repo a. Yon jou pat kapab ba-y nou repo ak peche nou yo. Wom.5 :8

2. Kris te voye apòt yo al preche Levanjil nan le monn antye. Li di li va ak yo toulejou, men li pat janm di anwetan jou Saba. Mat. 28:20
3. Jou pou Bondye sove nou an, li pa ni Samdi ni dimanch. Se jodia. Jodi a se pa yon jou ki nan almanak. 2Kor.6:2
4. Se menm jan tou pou jou lap vin chèche Legliz. Se menm jan tou pou jou jijman an pou-l pini moun ki pat konn Bondye e ki refize asèpte levanjil Jezikri a. 2Tès.1:8
5. Pòl te sezi kant li te aprann ke payen ki konvèti nan peyi Galat la t'ap obève jou Saba. Li mande yo tanpri souple pou retire kakan sa nan kou yo. Gal.4:10
6. Jezi te déjà di nou ke Sabaa li pa endispansab. Li mete nou piwo pase relijyon. Mak.2:27
7. Jezi li menm li te vyole Saba jwif yo. Se Jezi ki Saba nou, men se pa yon jou. Jan.5: 16
8. Se te yon-n nan rezon ki fè jwif yo te vle touye-l. Jan.5:18

III. Kilè zafè Saba ap fini ?

Depi nan Ansyen Kontra, Bondye te pwomèt pou-l retire zafè Saba saa paske li tap vini ak yon lòt metòd. Oze 2:13; Lam .2:6

Pou fini

Debarase w ak jouk Sabaa. Jezi di pran jouk mwen mete sou w pito. Konsa ou va gen la pè pou nanm ou. Mat.11:29

Kesyon

1. Pouki sa Jwif yo te obsève Saba?
   a. Pou yo repoze
   b. Pou yo sonje ki jan Bondye te retire yo nan esklavaj nan peyi lejip.

2. Ki sa ki rive yo si yo vyole Sabaa? Bondye ap touye yo

3. Ki sa ki Saba pou kretyen yo?
   Jezikri.

4. Pouki sa? Li bay nou bon repo a, men se pa yon jou.

5. Ki jan? Jezi bay nou repo ak tout move zèv nou yo.

6. Pouki sa li te di apòt yo ke li va ak yo toulejou, li pat wete jou Sabaa ?
   Paske misyon li se te genyen lemon antye ak levanjil. Li wete baryè jou Sabaa.

7. Pouki sa Jwif yo te vle touye-l?
   Paske li te vyole jou Sabaa

8. Si Saba se te yon kontra pou tout moun, pouki sa payen yo pat obsève-l?
   a. Paske Bondye li menm te pwomèt pou-l sispann zafè Sabaa.
   b. Paske payen yo pat janm sou Lwa jwif.

9. Anba jouk ki moun nou ye? Anba jouk Jezikri.

Leson 11
Ki jan vi yon moun ki nan Kris ye.

Tèks pou prepare leson an : Sòm.91:13; Mat. 7:7; 28:20; Mc.16:17-18; Lu.10: 19; Jan.8:36; Ga.5:1-20; Ja.4:2-3
Vèsè pou nou li nan klas la: Ga.5:13-21
Vèsè pou resite: Pa kite peche donminen sou kò nou ki gen pou mouri a, pou l' fè nou fè tou sa kò a anvi fè. **Wo.6:12**
Méthode: Diskou, konparezon, kesyon
Bi leson an : Egzote kretyen yo pou yo pa mennen yon vi dezòd.

Pou komanse
A bèl bagay pou-n konnen ke nou lib! Nou lib, nou pa pè ankò, nou pa pè pou kò nou, ni pou demen. Depi ki lè sa? Se depi jou Jezikri te delivre nou gras a sakrifis li sou bwa kalvè a. Ki jan nou ka esplike libète saa?

I. **Nou lib devan zafè Lwa Moyiz la.** Jan.8:36; Gal. 5:1
  1. Nou lib pou nou sèvi Bondye chak jou paske Kris di li va ak nou chak jou. Mat 28:20
  2. Nou lib gras a otorite li ba-y nou
     a. Pou nou mache sou tout pisans lèdmi yo. Sòm.91: 13; Lik.10:19
     b. Pou nou chase move zèspri. Mak.16: 17
     c. Pou nou al geri malad yo. Mak.16:18
  3. Libète a pa vle di lisans pou nou fè sa nou vle. Ga.5:13
     Nou dwe viv yon vi ki sen pandan nap mache dapre sa Lespri Sen an di nou. Ga.5: 16
     a. Nou dwe mennen yon vi pwòp. Nou dwe pran distans nou ak dezòd lachè ak madanm, ak mari moun e ak moun lib yo.
     b. Nou dwe livre vi nou a Bondye. Nou dwe pran distans ak majik, bòkò, tire kat, rele mò, franmason ak rozikrisyen.

c. Nou dwe rete trankil. Evite diskisyon, goumen ak jalouzi paske Bondye ki beni Pyè kapab beni Jan tou. Li annik di : mande nap resevwa. Mande byen sèlman di apòt Jak. Mat.7 :7. Ja.4:2-3
d. Nou dwe gen yon vi mizapa e kontwole. Konsa nou dwe pran distans nou ak espri divizyon, espri moun pa, espri gwoup. Kwayan ki konvèti tout bon an li pa fè anyen an kachèt ni anpiblik pou divize legliz ak fanmi-y yo. Gal. 5:20
e. Yon vi ki pran distans ak yon bann lòt bagay. Ki bagay?
Bwè pou w sou anba byè, danse bal, monte konplo, medizans pou detri temwayaj lòt kretyen, anpeche moun konvèti, vòlè bagay moun, jwèt lotto. Tout sa ki kap anpeche temwayaj Jezi briye.

Pou fini

Se tout sa nou vle pou pale de yon kretyen ki soti anba jouk Lalwaa. Zeprèv montre nou ki jan de moun li ye. Nou ta swate sa pou ou tou.

Kesyon

1. Ki bagay gras Jezikri a wete nou ladann?
    a. Li wete nou anba jouk Lalwa
    b. Li wete nou anba perèz
    c. Li wete nou anba pisans malen an
    d. Li wete nou anba èsklavaj jou Saba, zafè sa pou nou manje ak sa pou nou bwè.

2. Eske sa vle di nou kap fè sa nou pito? Non

3. Pouki sa? Pake libète pa vle di lisans pou sa

4. Ki jan yon kretyen dwe pou li konpòte l?
   a. Li dwe viv lwen sipèstisyon
   b. Li dwe mennen yon vi pezib
   c. Li dwe chèche linyon ak frè ak sè li yo
   d. Li dwe gen disiplin ak kontwòl

5. Ki kalite otorite lap genyen lè saa?
   a. Li kapab chase demon
   b. Li kapab geri malad
   c. Li kapab mache sou pisans lèdmi an
   d. Li kap pale langaj lamou, lapè
   Ekri vèsè nou jwen nan Galat. 5 :19-20

Leson 12
Sa nou rele fwi ki soti nan Sentèspri a

Tèks pou prepare leson an : La.3:26; Mat. 5:44; 17:21; Jan.3:16; Tra. 2 4, 5-12,41; 5:41; Ro.5:1; Ga.5:1-26; 6: 6-10; Ep.3:16; 5:25; 6:16; 1Ti.1:5; 2Pi.1: 5-10

Vèsè pou nou li nan klas la: Ga. 5: 22-26

Vèsè pou resite: Se Lespri Bondye a ki ban nou lavi, se pou n kite l dirije lavi nou nan tout bagay **Ga.5: 25**

Fason pou fè leson an: Diskou, konparezon, kesyon

Bi leson an: Montre ki lè yon kretyen vanyan nan la vi èspirityèl li.

Pou komanse
Kan nap li nan Galat 5 vèsè 22, gen yon bagay ki atire atansyon nou : Pòl di : Fwi Lèspri a gen 9 bagay ladan. Eske nou kap korije Bib la ?

I. An nou chèche yon bon èsplikasyon pou sa
Gen anpil fwi ki gen yon kòlon-n bagay nan yo ke nou rele vitamin. Chak vitamin sa yo gen valè. Chaque vitamin gen travay li nan kò nou pou li fè nou gen yon bon sante. Si gen yonn nan yo ki manke nan kò nou, ou va gen yon fwi men li pap janm gen menm non an.

II. An nou jwen yon esplikasyon nan Bib la sou sa
Lespri a se li ki sous tout pisans ki fè nou viv nan Bondye. Gras Bondye a ap mache nan la vi nou pou li fè gwo bagay. Gwo bagay sa yo se yo nou rele Fwi Lespri a. Nou jwen nèf vitamin nan fwi saa. Fwi sa yo se yo ki fè tout moun konnen ke nou kretyen. Si yonn nan yo ta manke nou, nou va gen yon lòt non ki pa rele kretyen. Se poutètsa, Apòt Pòl ap priye pou nou gen anpil fòs nan moun nan ki andedan nou an. Ef. 3 :16

An nou wè vitamin ki gen nan fwi Lespri a :

a. **Premye se lanmou.** Lanmou sa se pa yon dezi lachè, men se yon anvi chèche fè moun di byen menm si sa ta koute nou. Ef.5:25; 1Ti.1:5
b. **Dezyèm nan se jwa.** Jwa saa se pa yon kè kontan pou bagay materyèl ou genyen. Se yon mouvman èspirityèl ke nou jwen nan relasyon nou ak Bondye. Tra.5:41
c. **Twazèm nan se lapè.** Se pa trankilite. Se pito yon konpòtman èspirityèl nou vin genyen nan relasyon nou ak Bondye ak yon konsyans ki dwat nan relasyon nou ak pwochen nou yo. Wom.5:1
d. **Katriyèm nan se pasyans.** Li menm se yon kondisyon èspirityèl ki pèmèt nou sipote menm moun ki ensipòtab. Pasyans ak la fwa se tankou de frè jimo. Si ou gen pasyans, ou kap gen la fwa tou pou w tann an silans kote sekou Bondye a ap vini. Lam 3:26; Mat. 17:21
e. **Senkyèm nan se bonté.** Se yon tanperaman ou genyen pou w rann sèvis a menm moun ki rayisab. Ou dispoze fè tout moun di byen, menm si moun nan te lèdmi w. Mat. 5:44; Gal.6: 6, 9-10
f. **Sizyèm nan se bon tanperaman.** Se yon kondisyon èspirityèl ki pèmèt ou chèche konprann lòt moun e pou w padonen moun ki fè w ditò. Lè ou gen moun ki ap repwoche w tout tan, ou pa janm fè byen devan yo, ou santi w nan yon lanfè. Ou bezwen gen bon tanperaman pou w asèpte yo o non de Jezikri. Gal.6:2
g. **Setyèm nan se lafwa.** Li menm se yon kondisyon èspirityèl ki pèmèt ou kominike ak Bondye e kouri dèyè tout atak Satanledyab. Ef.6: 16
h. **Wityèm nan se dousè.** Se yon bon ledikasyon èspirityèl ki pèmèt ou adrese a pwochen ak bon pawòl ki pa la pou w blese yo. Se pa flate wap flate moun. Se ledikasyon ou genyen. Gal.6:1
i. **Nevyèm nan se sanfwa ou genyen.** Li menm li mache ak lafwa ak lapasyans. Sa se yon atitid èspirityèl ki pèmèt ou rete sanfwa devan pwoblèm yo paske ou

konnen Bondye ap vini defann ou kan menm. Sa pa vle di pou w rete chita san w pa fè aksyon.

Se tout nèf eleman sa yo nou jwen nan fwi lespri a. Yonn pa mache kite lòt dèyè. Nou dwe toutan ap cheke pou nou wè ki jan yap mache nan vi èspirityèl nou . Kan nou santi nou fèb, lè sa nou al jene e priye.

Yon bagay nap di : Pouki sa nou pa wè Pale an lang nan fwi Lespri a ?

1. Pou w kretyen ou pa oblije pale an lang.
2. Pale nan lang se te yon bezwen pou voye Levanjil la ale lwen. Tra.2: 4, 5,12
3. Sa ki obligatwa pou sove, se pou w gen lafwa, pou w asèpte Jezi pou sovè w. Jan.3:16
4. Sa pa anpeche ke Bondye sèvi avè-l pou li fè gwo mirak. Konsa anpil moun difisil yo kap vin konvèti Tra.2: 41

Pou fini

Fwi nan pye bwa pa la pou pye bwaa manje-l, men se pou lòt moun. Nou menm tou, an nou pote fwi yo pou lòt moun ka benfisye-l. 2Pyè.1:5-10

Kesyon

1. Di nou tout vitamin ki gen nan fwi Lespri a.
   Lanmou, la jwa, lapè, pasyans, bon tanperaman, bon kè, pasyans, lafwa, dousè ak sanfwa.
2. Ki sak va rive si yonn nan vitamin yo manke?
   Vi èspirityèl nou an ap bwate.
3. Ki sa ki ba-y fòs a eleman sa yon nan la vi nou?
   Sentespri a
4. Koman lèspri a wè lanmou ? Li pa wè li tankou yon bagay chanèl, li wè li tankou yon atitid èspirityèl
5. Pouki sa Pòl pat pran pale an lang la pou yon fwi lèspri a.
   a. Paske gen moun ki pale plizyè lang san yo pa kretyen pou sa.
   b. Paske ou pa oblije pale an lang pou w ale nan syèl.

Lis vèsè yo

Leson 1
Nou menm moun peyi Galasi, ala sòt nou sòt! Kilès nou kite pran tèt nou konsa, nou menm ki te konnen tout ti detay sou jan Kris la te mouri sou kwa a?

Leson 2
Mwen deja di nou sa, koulye a m'ap repete nou sa ankò: si yon moun vin anonse nou yon bon nouvèl ki pa menm ak sa nou te resevwa a, madichon pou li!

Leson 3
Pa gen lòt nasyon, li te mèt gran kou l' gran, ki gen bon lòd ak bon prensip pou regle tout bagay san patipri tankou lalwa mwen mete devan nou jòdi a.

Leson 4
Chak fwa, li reponn mwen: Se favè m' ase ou bezwen. Paske lè ou fèb, se lè sa a moun wè pouvwa mwen nan ou. Se poutèt sa, nan fon kè m', mwen pito pale sou feblès mwen pou pouvwa Kris la ka mete m' anba zèl li.

Leson 5
Si ou se moun Kris la, enben ou se pitit pitit Abraram. Ou gen pou resevwa eritaj Bondye te pwomèt la.

Leson 6
Si premye kontra a pa t' gen defo, pa ta gen nesesite pou yo ta fè yon lòt kontra pou pran plas li.

Leson 7
Menm jan an tou, apre yo fin manje, li ba yo gode diven an. Li di yo: Gode sa a, se nouvo kontra Bondye pase ak moun. Se avèk san m' ki koule pou nou an li siyen l'.

Leson 8
Lalwa pa kapab fè Bondye fè pesonn gras. Se bagay ki klè. Men sa ki ekri nan Liv la: Moun Bondye fè gras paske yo gen konfyans nan li, se yo menm ki va gen lavi

Leson 9
Konsa, ou pa esklav ankò, ou se yon pitit. Si ou se yon pitit Bondye, Bondye va ba ou tout byen li sere pou pitit li yo

Leson 10
Jezi di yo ankò: -Jou repo a te fèt pou moun; se pa moun ki te fèt pou jou repo a.

Leson 11
Pa kite peche donminen sou kò nou ki gen pou mouri a, pou l' fè nou fè tou sa kò a anvi fè.

Leson 12
Se Lespri Bondye a ki ban nou lavi, se pou n' kite li dirije lavi nou nan tout bagay.

Dife tou Limen Seri IV

Wòl Zanj Yo

Avangou

Nan seri leson saa, nou pral antre nan yon kote ki etranj. Tout sa nou konnen de li, se gras a revelasyon Bondye. Nou pral arive konprann ke kote Bondye rete a, li gen yon kalite moun ki pa menm jan ak nou. Pou nou pa di sa nou pa konnen, nou va rete andedan Bib la. Nap bat pou nou pa ba-y enterpretasyon ki kap fè moun leve diskisyon.

Lotè liv la

Leson 1
Zanj yo

Tèks pou prepare leson an : Sòm. 103 :20 ; 148 :2,5 ; Job.38 :4-7 ; Da.10 :6 ; Mat. 13 :32 ; 22 :30 ; Lu.9 :26 ; Jan.20 :12 ; Ga.2 :20 ; Kol.1 :16 ; 3 :1-4 ; Hé.1 :14 ; 1Pi.1 :15 ; Ap.15 :6 ; 19 : 10 ; 22 : 8-9
Vèsè pou li nan klas la : Sòm.102 :19-22
Vèsè pou resite : Nou menm zanj li yo ki vanyan, ki gen fòs, nou menm k'ap fè tou sa li mande nou fè, nou menm k'ap koute sa l'ap di nou, fè lwanj Seyè a! **Sòm.103 :20**
Fason pou fè leson an : Diskou, konparezon, kesyon
Bi leson an : Montre ke se Bondye li menm ki te kreye zanj yo. Menm si nou pa kap wè yo, kan menm yo la pou fè relasyon antre nou ak Bondye.

Pou komanse
Eske nou konnen ke planèt tè sa kote n' ap viv la, li konn gen moun ki pa gen yon kò ki kon-n vi-n ladan ? Men wi. Nou rele yo zanj.

I. Dabò menm ki sa yo ye.
Rene Pache di nou ke mo zanj la repete 800 fwa nan Ansyen Kontra a e 165 fwa nan Nouvo Kontra a. Si ou vle rele yo Soukoup volant, si ou vle rele yo Ovni ou byen UFO, nou pa konnen. Nou sèlman konnen ke yo soti nan syèl e ke yo obeyi a Bondye ki kreyatè yo e ki chèf yo tou.

II. Ki sa yo ye ojis?
1. Zanj yo pa gen yon kò. Kris kreye yo konsa. Yo pa gen ni mal ni femèl parmi yo. Bib la rele yo « pitit Bondye ». yo pa janm rele yo pitit zanj. Mat. 22 :30 ; Kol.1 :16
Yo pa la pou yo vi-n vye gran moun. Yo reskonsab nèt ale tout sa yo fè. Yo pa la pou ni repanti, ni konvèti konsa yo pa bezwen moun ki pou peye dèt peche yo.

2. Lè Bondye tap kreye mon-n saa, yo te la. Job.38 : 4,7
Yo te rele yo zanj, anvwaye. Moun nan ki ekri Lèt a Ebre yo, deklare ke zanj yo se espri yo ye ke Bondye li menm li kreye pou rann nou sèvis. Sò.148 : 2, 5 ; Ebre. 1 :14
Sepandan, menm si yo saj, yo pa kon-n tout bagay. Yo pa kap di nou ki jou Jezi ap tounen. Mak. 13: 32
Yo gen yon bon kote kay yo: Yo refize glwa ki ta dwe ale jwen Bondye. Rev. 19:10; 22:8-9
3. Ou pa kapab imajinen dimansyon yo. Ou dwe sèlman asèpte ke yo gen fòs. Sòm.103 : 20

III. Ki jan yo prezante

1. Yo klere anpil, anpil, anpil. Da.10 :6
2. Zanj yo gen dwa pran nenpòt ki fòm, nenpòt gwosè kant yo gen pou akonpli misyon yo. Kant Bib la pale de zèl yo, sonje **ke se èspri yo ye. Yon èspri pa gen zèl**. Zèl la se yon senbòl pou pale de jan yo rapid e pou montre jan yo pa gen mank nan entèvansyon yo.
3. Rad yo tou blan. Se yon si-y pou montre ke yap viv nan glwa Bondye. Jan.20 :12 ; Apo.15 :6
4. Sa montre tou jan yo sen, jan yo pi. Yo pat kapab lòt jan piske yap viv nan prezans Bondye.
5. Se yon fason tou pou ankouraje nou menm lezòm pou nou mennen yon vi ki sen pandan nap tan nou antre nan glwa Bondye
6. Pou kondisyon sa ka ranpli fòk nou
    a. Mouri ak Kris, pou nou resisite ak Kris, pou nou pèmèt li viv nan nou. Gal.2 :20
    b. Fòk nou mennen yon lòt vi. Kol.3 :1
    c. Fòk nou gen anvi pou syèl, pou nou detache nou de bagay sou tè saa. Kol.3 :1
    d. Fòk nou fè nou piti pou nou sere nou nan Kris pou le monn pa jete nou. Kol.3 : 3

Gen yon jou kap vini, nou men-m tout nou prale ak Kris nan glwa li gen avec Zanj li.

Pou fini
Puiske moun nan ki rele w la li sen, bat pou w sen tou nan tout kondit ou.

---

(1) René Pache Au-Delà p. 87
(2)

Kesyon

1. Ki moun ki kreye zanj yo? Jezikri

2. Eske zanj yo kap fè pitit ? Non

3. Pouki sa? Paske Bondye pa rele pitit zanj, li rele yo pitit Bondye

4. Pouki nou di yo gen zèl ?
   Espri pa gen zèl. Yo vle pale nou de jan yo rapid, fason yo foure bouch nan pwoblem nou yo

5. Eske nou kap konnen konbyen yo mezire?
   Non. Bib la di sèlman ke yo gen pisans, yo gen fòs.

6. Ekri vèsè sa nou jwen nan Egzòd.23 :20

Leson 2
Ki ran zanj yo genyen

Tèks pou prepare leson an : Ge.3 :22-24 ; Egz.25 :19-22 ; 2S.22 :11 ; Es.6 :2-3 ; Ez.10 :19-21 ; Da.10 :3 ; Mat.26 :53 ; Lu.1 :19 ; Jan.18 :36 ; 1Co.15 :52 ; 1Th.4 :16 ; Jid.9 ; Ap.12 :7
Vèsè pou li nan klas la : Kol.1 :16-19
Vèsè pou resite : Nou tout ki fè pati lame ki nan syèl la, nou tout k'ap sèvi l', k'ap fè volonte li, di Seyè a mèsi!. **Sòm.103 : 21**
Fason pou fè leson an : Diskou, konparezon, kesyon
Bi leson an : Montre ke grad yo te déjà etabli depi nan syèl la.

Pou komanse
Si moun ki sou la tè kap fè pitit, eske zanj yo nan syèl kap fè pitit tout? An nou wè ki jan yo prezante.

Yo gen ran yo
1. **Li gen cheriben yo**
   a. Yo rele yo tou cheriben pwotèktè. Yo parèt nan potre yo ak kat zèl. Ez.10 : 19-21.
   b. Nou te wè yo nan jaden Eden nan ak za-m nan men yo pou anpeche Adan ak Ev touche pye bwa ki bay la vi a. Jen.3 :22-24
   c. Nou wè potre 2 cheriben sou tèt pwopisyatwa a. Sa vle di lye randevou Bondye ak Moyiz kote li resevwa lòd pou pèp Izrayèl la. Egz.25 : 19-22
   d. Yo montre nou Letènèl ki chita sou yon cheriben pou montre pisans li kap aji anfavè sèvitè li wa David ki andanje. 2S.22 : 11
2. **Li gen serafen yo**
   a. Serafen vle di « klere tankou miwa. Yo montre nou potre yo ak 6 zèl. De zèl pou bouche figi yo devan Bondye, de zèl pou kouvri pye yo e de lòt zèl pou yo voltije. Eza. 6 : 2
   b. Yo fè yon gwo koral pou ba-y Bondye glwa. Eza.6 : 3

3. **Li gen akanj yo**
   a. Yo menm se chèf zanj yo yo ye. Yo chak gen wòl yo.
   b. Sila nou pi byen konnen an rele Mikayèl, se defansè pèp Izrayèl la».
   c. Li te vin sekoure Danyèl devan wa peyi Pèrs la Da.10 :3
   d. Li te parèt tou pou pwoteje kadav Moyiz devan Satanledyab ki te vin reklame li. Jid. 9
   e. Li gen pou-l parèt ankò nan dènye tan an pou kase dènye batay kont Dragon an ak move zanj yo. Rev.12 : 7
   f. Gen yon Akanj ki pral fè tande vwal yon ti jan avan Kris tounen. 1Tès. 4 :16
   Map fè nou sonje byen ke zafè kout twonpèt pou resisite mò yo, se bagay ki regade Jezikri. Pouki sa? Se paske zafè resisiste moun mouri a ak ba-y moun la vi a, se li menm sèl ki gen mayèt la. Jan. 11 : 25 : Li sèl ki gen dwa chanje kò saa pou bay li kalite pou fè-l kap demere nan syèl la. 1Ko.15 : 52

4. **Li gen Zanj yo**
   a. Nou konnen anj Gabriyèl. Se li ke Bondye te delege al pale ak Elizabèt, madanm sakrifikatè Zakari pou anonse li ke li va gen yon pitit ki va rele Jan. Lik.1 :13,19
   b. Se li menm to ki te al fè vyèj Mari konnen ke malgre li vyèj, li va fè yon pitit gras a operasyon Sentespri. Lik.1 :26, 36
   c. Zanj fè pati de yon lame Bondye ki gen anpil lejyon ladan. Mo lejyon saa vini nan peyi women yo ki tap gouvenen Izrayèl nan tan saa. Chak lejyon te gen ladan 6,000 solda. Konsa nou kap kwe ke yon lejyon anj te gen plis ke mil zanj ladan. Jan.18 :36

Kan Jezi tap pale de sèvitè ki te kap vin konbat pou li, li pat pale de pòv disip yo, men li tap pale de zanj yo ki te sou zòd li pandan li te sou la tè. Mat. 26:53

Pou fini

An nou respèkte chef ki sou tèt nou. Nou pa blije jennen pou sa. Gen yon jou kap vini, kote Kris li menm li va leve tèt nou.

Kesyon

1. Ki sa zanj yo ye?
   Se kò lame Bondye nan syèl la
2. Ki lès nou te pi byen konnnen?
   Anj Gabriyèl
3. Ki kote nou te wè li?
   Nan revelasyon li a Elizabèt ak vyèj Mari.
4. Konbyen anj ki genyen?
   Anpil milyon, nou pa kap konte yo
5. Ki sa cheriben yo ye?
   Zanj ki la pou pwoteje
6. Ki sa serafen yo ye?
   Se zanj ki la pou fè lwanj pou Bondye
7. Ki sa akanj yo ye?
   Yo menm se chef zanj yo yo ye
8. Ki lès nou pi byen konnen ?
   Akanj Mikayèl
9. Ki kote nou wè l-ap travay?
   Kan li te vin pote Danyèl sekou devan wa Peyi Pèrs la, kant li te vin defan kadav Moyiz kont Satanledyab.
10. Ki moun ki va jwe twonpèt la ki pou leve moun ki mouri yo kan Kris ap tounen?
    Jezikri li menm.
11. Pouki sa?
    Paske se li ki gen kle rezireksyon ak kle la vi a

Leson 3
Ki kantite zanj yo ye

Tèks pou prepare leson an : 2R.6 :16 ; 1Ch.21 :15-16 ; Sòm. 34 :8 ; 46 :8 ; 148 :2, 5 ; Da.7 :10 ; He.12 :22 ; Ap.5 :11 ; Lu.2 :13

Vèsè pou li nan klas la: Lu.2 :8-14

Vèsè pou resite : Elize reponn li: « Ou pa bezwen pè! Nou gen plis moun avèk nou pase yo ». **2Wa.6 :16**

Fason pou fè leson an : Diskou, konparezon, kesyon

Bi leson an: Se pou konvenk nou ke monn nan nap viv la dan an, li pa vid.

Pou komanse

Nan ki sa pou kantite zanj yo te kap enterese nou?

I. Ki kantite yo ye
1. Moun pa kapab konte yo. Ebre.12 :22 Yo pa la pou fè pitit. Li sanble ke Bondye te kreye yo tout yon sèl kou. Bibl la di nou : « Bondye pale e la menm tout anj yo te fèt.» Sòm.148 : 2,5
2. Se pa de zanj Danyèl te wè nan visyon li a. Da.7 :10
3. Lapòt Jan te tande vwa plizyè milyon zanj ki te kanpe toutotou twò-n Bondye. Rev.5 :11
4. Lik pale de yon kòlonn nan lame selès la ki te vin asiste Jezi lè li te vin pran yon kò pou li sove lemonn. Lik.2 :13

II. Ki enterè nou gen nan sa?
1. Se pou fè nou sonje ke mon-n sa li pa vid. Li gen moun ki pa tankou nou menm ki abite ladan.
   a. Sonje kan Gerazi te pè pou vi li devan lame siryen ki te vin pou atake pèp Izrayèl la, pwofèt Elize li menm, li te rete byen trankil. Li te konnen ke gen yon pisans espirityèl ki te antoure-l. Se sa ki fè li di Gerazi : « Ou pa bezwen pè paske sila ki ak nou an pi plis pase sila ki ak lèdmi an. E pou fè misye rete trankil, li soupriye Bondye pou ouvri zye sèvitè la. Setalò ke li wè monta-y

nan kouvri ak yon kantite chwal kap mennen cha chaje ak dife ki kanpe toutotou pwofèt la. 2Wa.6 :17

b. Se sa ki pou konvenk nou ke Bondye pa kite nou pou kont nou. Toutotan nou sou planèt saa, zanj yo la pou ranpli misyon yo korèkteman bò kote nou. Sòm.34 :8

c. Se sa ki pou konvenk nou ke Bondye gen solda li ki toujou la pou vin sekoure nou depi gen yon danje ki menase nou. David ta di : Letènèl chef lame a li ak nou.» Sòm. 46 : 8

d. Li kap genyen yo la tou pou pini nou. Jou David wè sa, li rele anmwe, li mande Bondye padon .Li te wè Lanj letènèl ak de grenn zye li , li te gen yon nepe nan men li e li tap pwoche vil Jerizalèm pou-l touye tout pèp la. 1Kwo.21 :15-16

Pa gen anyen ki di ke kantite zanj yo rete menm jan an non plis. Sa nou konnen, apre Bondye te fi-n pini Lisifè, pa gen okenn rebelyon nou tande ki fèt ankò nan syèl la.

Pou fini

Tanpri pa janm konte sou moun ki ak nou ni sou kapasite nou. Pito nou di konsa : Senyè, fè volonte w.

Kesyon

1. Nan ki sa kantite zanj kap enterese nou?
   Pou konvenk nou
   a. Ke monn nan nap viv ladan an pa vid
   b. Ke nou pa bandonen pou kont nou.
   c. Ke Bondye gen yon administraksyon ki rapid.
2. Ki sa ki te fè David pè lè li te wè anj la?
   Pandan li te nan lespas la ant syèl la ak tè a e li te prèt pou-l al krase brize nan vil Jerizalèm.
3. Ki sa ki te pase ak lòt zanj yo apre rebelyon Lisifè?
   Nou pa tande pale de okenn revòl nan syèl la ankò.
4. Ki leson nou kap tire de sa ?
   Nou ka fè nenpòt gwo erè si nou kwè nan fòs nou.
5. Ekri vèsè sa nou jwen nan Lik.2 :12-13

Leson 4
Ki travay zanj yo fè nan pye Bondye

Tèks pou prepare leson an : Ge.19:15-22; 2S.24:16; Job.38:4-7 ; Da. 7:10; 12:1; 10:13, 20-21; 11:1; Jan.17:20; Tra. 2:39; 7:53; Ga.3:19; Ap. 5:11; 12:7-9; 20:1-2

Vèsè pou li nan klas la : 1Ch.21:13:17

Vèsè pou resite: Te gen mil milye moun la ki t'ap sèvi l'. Te gen dimil milyon moun kanpe la devan l'. Tribinal la te pare pou jijman an. Yo louvri liv yo. **Da.7:10b**

Fason pou fè leson an: Diskou, konparezon, kesyon

Bi leson an : Se pou montre nou ke si Bondye asèpte nou ran li sèvis, se yon favè li fè nou.

Pou komanse

Eske nou dwe konnen wòl zanj yo? Men wi! Pouki sa? Se paske Bondye gen yon plan pou yo tankou li gen pou nou menm tou.

I. An nou wè ki jan yo sèvi Bondye

1. Piske yo te déjà kreye anva la tè te la, se pa de fèt yo fè lè yo wè jan Bondye ap deploye tout kreyasyon an. Job. 38:4-7.
2. Yo sèvi Bondye tankou òkton nan tribinal pou yo pote kopi lwa-a bay Moyiz sou Mò-n Sinayi a.
   Tra. 7:53; Gal. 3:19
3. Yo sèvi Bondye nan wòl yo pou pote sekou a Lo ak tout fanmi-y li. Yo menm kranponen Lo pou fè-l soti pa fòs kite Sodòm pou dezas di fe Bondye a pa tonbe sou yo. Jen.19: 15-22; 2S.24:16
4. Yo patisipe nan gouvèman yo pou frennen dirijan yo kan yo vle fè mechanste a pèp Bondye a.
   Da.12:1; 10:13, 20-21; 11:1
5. Yo konbat Satan ak tout zakolit li yo jouk yo gen viktwa. Pandan nou ap pale avè w la, se pa de moun Bondye ap sove pandan ke Satan ap chèche mwayen pou touye yo

nan peche yo. Gade yo byen nan kapital peche yo, nou vle pale de Disko, Kazino, bòdèl, klib ganstè, dwòg ak tout kriminèl yo. Se jouk la zanj yo al fè yo santi ke Bondye ap gade yo. Moun sa yo la pou sove tou. Se pou yo Jezi tap priye ; li di fòk li ranmnen yo. Zapòt yo pale de sa tou. Jan.17: 20; Tra.2:39; Rev 12:7-9

Konsa zanj yo blije la bò kote yo tankou obsèvatè, tankou yon kloti tou jouk yo pran konsyans pou yo sa konvèti. Jou sa fèt zanj yo kontan, yo fè fèt nan syèl la. Lik.15 :10

6. Se yon anj tou ki va mare Satan le Dyab pou jete-l nan trou san fon an. Rev.20:1-2
7. Si ou vle konnen adrès yo, se pou w ale devan twò-n Bondye, wa wè yo la kap bay Bondye glwa kap adore-l lannwit kon lajounen. Rev. 5:11; Da.7:10

Pou fini
Nou menm an nou bat pou nou fè travay nou byen devan Bondye paske li pa dwe pèson anyen.

Kesyon

1. Ki kote zanj yo te ye kant Bondye tap kreye syèl la al tè a?
   Yo te nan prezans Bondye.
2. Ki jòb yo te gen sou Mòn Sinayi a?
   Yo te la pou transmèt lwaa a Moyiz
3. Ki wòl yo te jwi kant yo te vin avèti Lo ak fanmi-y li?
   Yo te la pou pote yo sekou
4. Ki wòl yo jwi nan gouvèman peyi yo?
   Anpeche wa yo fè gwo mechanste a pitit Bondye yo.
5. Ki wòl yo jwi kote moun ki pa konvèti yo?
   Yo mete yo tou prèt pou ranje wout ki pou mennen yo a rekonèt Jezi pou sovè yo.
6. Ki wòl yo devan twòn Bondye?
   Adore Bondye e lwe li toutan
7. Ekri vèsè sa nou jwen nan. Jen. 19 :15

Leson 5
Ki wòl zanj yo bò kote Jezikri

Tèks pou prepare leson an : Mat.1 :20-24 ; 2 :13-19 ; 4 :11 ; 24 :31 ; 28 :2 ; Lu.1 :11-13 ; 2 :9-15 ; 9 :26 ; 12 :9 ; 22 :43 ; 24 :4 ; Tra.1 :11 ; Ep.1 :21 ; 1Th.4 :16 ; 1Pi.3 :22 ; Ap. 3 :5; 14 :10

Vèsè pou li nan klas la : Mat.26 :51-56

Vèsè pou resite : Mwen menm Jezi, mwen voye zanj mwen an pou anonse nou bagay sa yo nan legliz yo. Mwen soti nan ras David. Mwen se bèl zetwal k'ap klere chak maten an.. **Rev.22 :16**

Fason pou fè leson an : Diskou, konparezon, kesyon

Bi leson an : Montre ki kantite pouvwa Jezi gen sou zanj yo

Pou komanse

Si nou aprann dezobeyi Bondye, nou va wont devan zanj yo kap adore-l e kap sèvi-l.

I. Gade ki jan yo ap sèvi Jezikri

1. Anj Gabriyèl vin anonse Elizabèt, madanm sakrifikatè Zakari ke li va gen yon pitit. Yo va rele-l Jan. Se li ki va anonse tout moun ke Mesi a gen pou-l vini. Se li menm tou ki vi-n anonse Mari ke li va manman Sovè a. Lik.1 :11-13

2. Yon lòt anj vin avèti Jozèf ke madanm li Mari pral ansent pou premye fwa. Li va gen yon pitit san li pa blije konnen gason pou sa. Se le Sentèspri ki va papa pitit la. Mat.1 :20-24

3. Yon lòt anj vi-n bay bèje Bètleyèm yo adrès kote pitit Bondye a fèt. Pita se pa de zanj ki vi-n ba-y Jezi wochan. Lik.2 :9-15

4. Yon lòt anj vin avèti Jozèf pou-l kite Betleyèm pou-l ale nan peyi Lejip paske wa Ewòd ap chèche pitit la pou-l touye-l. Moun ki etidye istwa peyi Lejip la fè konnen ke Jezi te pase twa lane sèt mwa ak venteyen jou nan peyi

Lejip. Apre sa yon lòt anj vi-n pale ak yo pou di yo lè a rive pou yo tounen nan peyi Palesti-n. Mat.2 : 13,19
5. Kant Jezi te vi-n chanpyon sou Satanledyab nan Dezè a, yon kòlonn zanj vin sèvi-l. Gen lè yo tap swiv touletwa match tantasyon Jezi devan Satanledyab. Mat.4 :11
6. Kan Jezi tap rakle nan jaden Jetsemani an, yon anj soti nan syèl la pou ba-y li kouraj. Lik.22 :43
7. Kant li te resisiste, yon lòt anj te vin woule wòch la ki te bouche kavo a. Mat. 28 :2 E te gen tou de lòt anj ki parèt devan de meda-m yo pou anonse yo bon nouvèl saa. Lik. 24 :4
8. Jou Jezi tap monte nan syèl la, zanj yo te anonse apòt yo ke Jezi gen pou-l retounen menm jan. Tra.1 :11
9. Se konsa Jezi pral desann soti nan syèl la pou-l vi-n chèche legliz li. Ap gen yon akanj ki va anonse li. 1Tès.4 :16
10. Kris ap gen tan voye zanj li toupatou, alawonnbadè pou rasanble tout pitit Bondye yo. Mat. 24 :31
11. Se nan prezans zanj yo Jezi va fè dènye jijman an. Moun ki pa kwè nan Kris yo, se devan zanj yo yo pral manifeste sa. Lik.12 : 9 ; 9 :26
12. Moun sa yo pral nan touman pou toutan gen tan. Rev.14 :10
13. Se devan yo tou ke Papaa pral renmen koup yo, twofe yo a moun ki chanpyon yo. Rev.3 :5
14. Li vèsè sa yo pou nou wè jan yo soumèt yo devan Kris! Ef.1 :21 ; 1Pyè.3 :22

Pou fini
Puiske Bondye gen moun nou pa kapab wè nan gouvèman li an, moun pou fè nou dibyen, an nou soumèt nou devan Bondye saa pou nou pa tonbe anba jijman li a.

Kesyon

1. Ki moun ki te di Jozèf madanm li ki vyèj fi-y pral ansent pou Bondye? Yon anj
2. Ki moun ki bay adrès a Beje Bètleyèm yo ki kote Jezi te fèt? Yon anj
3. Ki moun ki fè Jozèf ak Mari konnen ke Ewòd vle touye ti bebe a? Yon anj
4. Ki moun ki vin rann Jezi sèvis apre li te chanpyon nan twa tantasyon li nan Dezè a? Yon ban-n zanj
5. Ki moun ki vin bay Jezi fòs lè lap soufri nan jaden Jètsemani an? Yon anj
6. Ki moun ki te raple apòt yo ke Jezi pral retounen menm jan an ? De zanj
7. Ki moun ki pral chita nan tribinal Kris la kant li va jije mon-n saa? Yon ba-n zanj
8. Ki moun ki va wè nan syèl kant Jezi pral bay nou diplòm? Tout zanj yo.
9. E kounyeya, ki moun ki kap refize kwè ke zanj yo egziste ? Pa gen Pèsonn.

Leson 6
Ki wòl zanj yo kote kretyen yo

Tèks pou prepare leson an : Ge.19 :15-16 ; 20 :22 ; 21 :15-19 ; 28 :12; 1R.19 :5-8 ; Sòm.91 :11 ; Da.3 :24-25 ; 6 :22 ; Mat.24 :31 ; Lu.15 :10 ; 16 :22 ; Jan.17 :20 ; Tra.2 :39 ; 5 :19 ; 8 :26 ; 10 :3-6 ; 12 :7-10 ; 27 : 23-24 ; He.1 :14 ;
Vèsè pou li nan klas la : Hé.1 :8-14
Vèsè pou resite : Kisa zanj Bondye yo ye menm? Yo tout se yonn bann lespri k'ap sèvi Bondye. Se Bondye menm ki voye yo pou ede moun ki la pou jwenn delivrans yo.**Ebr.1 :14**
Fason pou fè leson an : Diskou, konparezon, kesyon
Bi leson an : Montre ki jan Bondye bay nou anpil valè paske li pran zanj anwo nan syèl la pou ran-n nou sèvis.

Pou komanse
Si moun sa yo ke nou pa wè a pat genyen yon aktivite pami nou, nou ta gen rezon pou mande pouki sa yo la ? Erezman la Bib bay nou repons la. Men ki sa yo fè :

I. Yo kontribye nan Sali nou
1. Yo la pou jwi yon wòl a kote tout moun ki gen pou sove yo. Jan.17 :20 ; Tra.2 :39
   Se sa ki fè yo pwoteje moun sa yo nan gwo danje jiskaske yo pran konsyans pou yo repanti. Ebre.1 :14
2. Nou konprann kounyeya pouki sa yo fè fèt menm si se ta yon sèl moun ki konvèti. Lik.15 :10
3. Lè Jakòb te sove kite kay papa-l ak manman-l, li te dòmi nan raje. Se lè saa li te wè yon kòlonn kap monte desan-n sou yon nechèl ki bat jouk nan syèl la. Se sa ki te pote misye konvèti. Jen. 28 : 12
   Depi lè sa tou, li pran desizyon pou-l bati yon tanp pou Bondye e pou-l bay Bondye ladim. Jen.28 : 20-22

II. Yo kanpe la pou delivre nou

1. Te gen yonn ki te sove ti Izmayèl, pitit gason an Abraram te fè ak ti domestik li Aga. Jen. 21 :15-19
2. Yon anj te pote yon sandwich ba-y pwofèt Eli. Sandwich la te tèlman bon ke Eli te gen fòs pou-l mache 40 jou 40 nwit san li pat bouke.1Wa.19 : 5-8
3. Te gen yon anj ki te vin sove Lo nan peyi Sodom. . Jen. 19 : 15-16
4. Gen yonn menm ki desann nan yon founo dife pou pwoteje twa jenn gason ki pat vle adore èstati wa Nebikadneza a. Da. 3 :24-25
5. Yon lòt pa pè desann nan kaj a lyon yo pou fèmen bouch yo pou yo pa devore Danyèl, sèvitè Bondye vivan an. Da.6 :22
6. Yon lòt desann andedan yon prizon pou-l lage Pyè, lavè-y jou wa Ewòd Agripa premye ta pral fè touye-l. Tra.12 : 7-10 ; Tra.5 :19
7. Kan Pòl te fè aksidan bato a, yon anj te vin delivre-l. Tra. 27; 23-24

III. Yo patisipe nan konvèsyon nou.

1. Yon anj kondi Dyak Filip nan dezè Gaza pou-l al preche yon minis. Se te Enik Etyopyen an ki konvèti e li te batize menm lè a. Tra. 8 : 26
2. Yon anj revele kapten Konèy plan Bondye genyen pou sove nanm li. Tra.10 : 3-6
3. Zanj yo fè taksi pou pran nou lè nou mouri pou pote nou menm kote Abraram ye a nan letènite. Lik.16 :22
4. Yo va chef de boukman pou rasanble tout moun konvèti yo lè Jezi ap retounen.
Mat. 24 :31
Yo la pou kenbe nou konpayen tout kote nou prale. Yap pote nou menm si se nesesè pou moun pa fè nou pile e pou wòch pa kase pye nou. Sòm. 91 :11

Pou fini

Nou wè ki jan yo travay! Yo pa gen kò, konsa yo pa janm fatige e yo pa janm dòmi. Sa pa pran yo yon segon-n pou yo kite syèl la pou vi-n jwen nou sou la tè. Nou menm tou, an nou travay pou mèt nou san nou pa pè fatig. Se nan antrènman sa nou ye nan tan saa pou prepare nou pou nou fè menm bagay nan letènite.

Kesyon

1. Ki sa zanj yo kontribye nan konvèsyon yon nanm? Yo la pou yo pwoteje nou jouk nou rive konvèti.
2. Ki sa yo fè kant yon moun resi konvèti? Se pa de fèt yo fè nan syèl la pou sa devan Bondye.
3. Bay nou kèk egzanp de moun ki te benefisye ministè yo
    a. Yon-n vi-n sove Izmayèl pitit Aga ak Abraram nan ki te pral mouri ak swaf nan Dezè a
    b. Yon desann nan dife pou sove twa jen gason
    c. Yon desann nan kaj lyon yo pou sove Danyèl
    d. Sa rive de fwa ke yon-n desan nan yon prizon pou sove Pye anba Ewòd Agripa premye ki ta pral fè touye-l
4. Bay nou kèk egzanp de gwo konvèsyon ki fèt gras a patisipasyon anj yo.
    a. Konvèsyon kapten Konèy
    b. Konvèsyon yon minis, Enik etyopyen an
5. Ki sa ki te pèmèt yo fè jan de sèvis sa yo?
    a. Yo pa kon-n fatige, yo pa janm dòmi paske yo pa gen kò.
6. Bondye fè yo yon fason pou yo kite syèl la vi-n jwen ak nou nan yon bat zye.
7. Ekri vèsè sa nou jwen nan.Tra.12 : 7

Leson 7
Anj Letènèl la

Tèks pou prepare leson an : Ge.16 :7-10 ;18 :10, 13-15 ; 22 :12 ; Egz.3 :2, 4-6 ; 14 :19-20 ; 23 :20-21 ; Jg.6 :20-23 ; 13 :18 ; Sòm.34 :8 ; Es.9 :5 ; ZTrah.3 :1-5 ; Mat.1 :21 ; 28 :20 ; Jan.14 :14 ; 1Co.10 :4 ; Ep.2 :6 ;1Pi.1 :11 ; 1Jan.2 :1-2 ; Ap.12 ;10

Vèsè pou li nan klas la : Sòm.34 :1-8

Vèsè pou resite : Zanj Seyè a kanpe bò kote tout moun ki gen krentif pou li, pou pwoteje yo. Li delivre yo lè yo nan danje. **Sòm.34 :8**

Fason pou fè leson an : Diskou, konparezon, kesyon

Bi leson an : Prézante Jezi tankou Anj Letènèl la

Pou komanse

Yon-n nan fason Bondye parèt nan Ansyen Kontraa ki estraòdinè se kant li vini sou non Lanj Letènèl la. Li menm li pa menm jan ak lòt zanj yo paske li manifeste li a moun. Ki jan nou kap pwouve sa?

I. **Nan kontra li fè ak kèk moun**
   1. Li fè Aga konnen ki moun li ye e li pwomèt pou-l fè-l grennen anpil pitit ak pitit a pitit. Se paske li menm se Bondye ki fè li kapab fè moun donnen anpil ti moun. Jen.16 : 7,10
   2. Jezi ki parèt tankou Anj Letènèl la pwomèt Sara pou-l ba-y pitit, menm si li gen 90 ans. Jen.18 : 10, 13-15
   3. Jezi ki parèt tankou Anj Letènèl la, li bloke ponyèt Abraram pandan li pral touye Izarak.Tande sa-l di Abraram : Pinga ou frape ti gason an… mwen gen prèv kounyeya ke ou gen krentif pou mwen puiske ou pa refize sakrifye sèl pitit ou genyen an pou mwen. ». Paske li se Bondye, li gen dwa egzije yon sakrifis yon moun tou vivan. Jen.22 : 12
   4. Jezi ki parèt tankou Anj Letènèl la, li parèt devan Moyiz nan mitan you touf bwa dife tou limen. Egz.3 :2, Se la li

revele-l a Moyiz tankou Bondye menm. Li sèl ki gen dwa di: Mwen menm se Bondye Abraram, Izarak ak Jakòb. Egz.3 :4-6.

5. Jezi ki parèt tankou Anj Letènèl la, mache devan pèp Izrayèl pandan ke li ap mache dèyè yo tou. Puiske se Bondye li ye, li te gen dwa di lap delivre pèp Izrayèl la san zam nan men yo. Egz.14 :19-20

6. Jezi ki parèt tankou Anj Letènèl la desann gwo midi pou-l vin manje ak ti Jedeyon. Pa gen yon kote nan Bib la kote ou jwen yon anj ap manje ak yon moun. Jezi ki fè moun, vin manje ak disip yo. Jig.6 :2 2.

7. Jezi ki parèt tankou Anj Letènèl la revele-l a paran Samson. Kan Manoa mande-l koman yo rele-l, li di : « Pouki sa ou mande-m non mwen? Yo rele-m Mèvè-y. Jij.13 :18 Pwofèt Ezayi di : Yo va rele-l Admirab, sa vle Mèvè-y. Eza. 9 :5

7. Pòl di ke Jezikri se li menm wòch la ki tap mache dèyè pèp Izrayèl la nan Dezè a. 1Ko. 10 :4

8. Apot Pyè di nou ke Pwofèt yo nan Ansyen Kontraa tap pale gras a lèspri Kris la ki te nan yo. 1Pyè.1 :11

9. Se tou nòmal ke nou di ke Anj Letènèl la nan Ansyen Kontraa, se te Jezikri menm. Egz.23 : 20-21

10. Se li menm Anj Letènèl la ki vin delivre nou kant nou an danje. Sòm. 34 :8

11. Se li menm tou ki avoka nou. pou defann nou devan akizasyon Satanledyab.
    Zak. 3 :1-5 ; 1Jan. 2 :1-2 ; Rev. 12 :10

    a. Kounyeya nou jwen li nan Nouvo Kontraa. Li pran lòt non ki sanble ak misyon li te vini pou-l akonpli. Yo rele-l Emanyèl ki vle di : Bondye ak nou.» Mat. 1 :21 ; 28 :20

    b. Li toujou Anj Letènèl la pou retire nou anba grif Satan,

    c. Pou li siyen anba priyè nou devan Bondye. Jan.14 :14

Pou fini

Mwen gen yon anons pou nou : Talè konsa, yo pap rele-l Anj Letenèl ankò; yo va rele-l Lepou. Se akote-l nou tout pral chita. Pa kite pèson moun fè w pèdi plas ou a. Ef.2 :6

Kesyon

1. Pouki sa Jezikri parèt tankou Anj Letènèl la:
   a. Nan pwomès li te fè a Aga ?
      Paske Kris li menm se li ki resisite moun e ki bay la vi. Li sèl kapab fè plant pouse e fè yo miltipliye.
   b. Nan sakrifis Izarak?
      Paske Bondye sèl kap mande pou sakrifye pou li yon moun tou vivan.
   c. Devan Moyiz nan touf bwa dife tou limen an?
      Bondye sèl gen dwa di: Mwen menm se Bondye Abraram, Izarak ak Jakòb
   d. Kan pèp Izrayèl tap traverse Lan Mè Rouj la?
      Bondye sèl te kapab delivre yon pèp nan jan si laa.
   e. Nan revelasyon li a Manoa?
      Sèl Jezi yo te rele Mèvèy, Admirab nan Ansyen Kontraa
2. Ki non li gen nan Nouvo Kontraa? Emanyèl
3. Ki wòl li pami nou? Avoka, konseye, zanmi, Bondye Toupisan, Papa nou nan syèl la, Chef la Pè a, Doktè, Sovè, Bèje fidèl.
4. Ki dènye non li pral genyen nan relasyon li ak nou? Yo va rele-l Lepou.

Leson 8
Pastè, se Lanj Legliz la

Tèks pou prepare leson an : No.6 :23-27 ; Ez.3 :17 ; Sòm.105 :15 ; Mat.16 :19 ; 1Co. 5 :13 ; 9 :16 ; 2Co.13 :13 ; 2Ti.4 :22 ; Hé.13 : 7, 17 ; Ap.2 : 1,8, 12,18
Vèsè pou li nan klas la : Hé.13 : 17-19
Vèsè pou resite : Pa bliye moun ki te konn dirije nou yo, moun ki te fè nou konnen pawòl Bondye a. Egzaminen jan yo te viv, jan yo te mouri. Pran egzanp sou konfyans yo. **Ebré.13 : 17**
Fason pou fè leson an : Diskou, konparezon, kesyon
Bi leson an : Prézante pastè-yo tankou minis ak plen pouvwa devan pèp Bondye a.

Pou komanse
Nan vizyon nou jwen nan liv Revelasyon an, apòt Jan rele pastè yo Anj Legliz la. Ala yon gwo mo papa! Pouki rezon li ba-y non saa a pastè, sèvitè Bondye a? Rev.2:1, 8, 12,18

I. **Nou jwen rezon sa dapre listwa a men**
   Apòt Jan te nan prizon nan zile Patmòs paske li te refize trayi fwa li nan Jezikri. Sa te pase nan lane 95 apre Jezi te mouri a. Se la nan zile saa, Bondye bay li revelasyon sou bagay ki gen pou pase yo nan jou la fen yo. E li te gen reskonsablite pou bay mesaj sa yo a pastè yo. Men si lèt sa yo tonbe anba men solda Lanperè a, li tap konpwomèt ni li menm, ni moun ki tap pote lèt yo. Se yonn nan rezon ki fè li adrese lèt yo a pastè Legliz yo ke li rele Anj.

II. **Nou jwen rezon sa tou dapre wòl Bondye ba-y pastè yo**
   1. Bondye mete-yo tankou yon santinèl nan Legliz pou yo resevwa mesaj li e pou li ba-y pèp Bondye a avètisman. Ez.3 :17

2. Pawòl Bondye a rekomande nou pou obeyi yo e pou respèkte yo paske yap veye sou nanm nou puiske yo gen yon kont pou rann devan Bondye. Ebre.13 : 17
3. Pou rezon saa, yo gen reskonsablite pou bay mesaj la, menm si sa tap koute yo pou yo pèdi vi yo. Pòl di : « Si m pa preche Levanjil, madichon Bondye ap tonbe sou mwen ». 1Ko.9 :16

III. Nou jwen tou kèk rezon èspirityèl
1. Bondye kap sèvi ak yon pastè pou-l beni, pou-l jije ou byen pou-l pini yon legliz.
   a. Si se lide-l pou-l beni w ak pastè ou genyen an, obeyi-l.
   b. Si se lide-l pou-l jije w ak pastè ou genyen an, asèpte-l.
   c. Si se lide-l pou-l pini w ak pastè ou genyen an, mete chapo ba devan otorite Bondye. Ebre.13 :7
   d. Si ou kwè ou kapab chanje sa, se ou menm sèl kap genyen pou peye konsekans yo. Jan.20 :23

II. **An nou wè ki kantite pouvwa pastè a genyen**:
1. Mwen ta priye w an gras pou w pa soti kite Legliz la avan pastè a pwononse benediksyon.
2. Si Bondye deside pou li beni w ak ministè pastè saa, se madichon wap chèche tonbe sou w ak tout fanmi-y ou si w mete w ak lòt moun pou w pale mal li. Se pou rezon sa Bondye di : « Pa touche moun mwen mete onksyon-m sou li a, pa fè ditò a pwofèt mwen yo. Sòm.105 : 15
3. Ak benediksyon ki soti nan bouch li, Araron te mete siyati li sou pitit Izrayèl yo. No. 6 :23-27
4. Pastè a gen dwa livre w nan men Satan pou w aprann respèkte sa ou pa konnen. 1Ko.5 :13
5. Li kap beni w tou pou li rekonpanse lobeyisans ou. 2Ko.13 :13 ; 2Ti.4 :22
   Bondye ratifye nan syèl la sa li fè sou tè a. Mat.16 :19

Pou fini

Montre respè nou gen pou Bondye, nan respè nou montre pou pastè yo ki sèvitè li yo.

Kesyon

1. Pouki apòt Jan rele pastè yo Anj Legliz yo?
   Pou li pat konpwomèt tèt li ak moun ki te pou pote lèt sa yo bay pastè yo pou legliz yo.
2. Ki sa ki te gen nan lèt sa yo? Se te revelasyon sou bagay ki gen pou pase nan dènye tan.
3. Ki rezon teolojik de lèt sa yo?
   a. Bondye plase pastè yo tankou santinèl pou kominike yon mesaj avètisman a pèp li a.
   b. Li vle raple yo devwa yo anvè pastè yo.
   c. Li vle di pastè yo pou yo ba-y mesaj la menm si vi yo menase
4. Ki rezon espirityèl lèt sa yo?
   a. Bondye kap chwazi yon pastè pou beni w, pou pini w ou byen pou jije w.
   b. Ou dwe asepte volonte Bondye jan li vle a
5. Ki kantite pouvwa pastè a genyen?
   a. Bondye pap kase desizyon pastè a.
   b. Li mete tout moun sou pringa pou w pa manyen-l.
   c. Pastè gen dwa bay ou madichon si ou konprann ou kap blasfemen.
   d. Li kap rekonpanse lobeyisans ou
6. ki devwa fidèl yo a pastè yo?
   Yo dwe renmen-l, obeyi-l, sipòte travay lap fè pou Bondye ak priyè yo e ak byen yo posede.
7. Ekri vèsè sa nou jwen nan Ebre. 13 :7

Leson 9
Réfòmasyon

Tèks pou prepare leson an : De.22 :5 ; Sòm.1 :1-3 ; 119 :11 ; Mat.5 : 16, 37 ; Mak.10 :23 ; 16 :16 ; Wo.13 :11 ; Ef.5 :19 ; Kol.3 :8 ; 1Ti.6 :6-8 ; Ja.1 :20 ; 5 :16 ; Ebre.9 :27

Vèsè pou li nan klas la : Wom.1 : 13-17

Vèsè pou resite: Mwen pa wont anonse bon nouvèl la: se pouvwa Bondye ki la pou delivre tout moun ki kwè, jwif yo an premye, apre yo moun lòt nasyon yo tou.. **Wom.1 :16**

Fason pou fè leson an : Diskou, konparezon, kesyon

Bi leson an: Montre ki jan yon lèdmi te temwaye pou apresye fwa kretyen yo san-l pa ta vle.

Pou komanse

Mwen pa kwè mwen aprann ou yon bagay nivo si mwen di w ke mouvman pwotestan an soti nan Refòmasyon an. Depi lè saa, nou gen levanjil la nan men frè ak sè nou yo tankou yon kouto file de bò pou louvri kè moun yo pou yo sa konvèti.

Nou kap bat bravo pou Marten Litè ak tout moun avan li ki te lite pou sa. Fòk nou pale de yo paske yo poze gwo zak gras a konviksyon yo kòm kretyen ak gwo temwayaj yo.

1- **An nou wè kèk nan yo nan peyi Lewòp la**.

Depi lanperè Konstanten te konvèti a, moun yo ki pa depouye a vini ak espri monden, koripsyon, fetich ak vye dotrin nan legliz. Menm lè saa, Levèk nan vil Wòm nan vin oblije fidèl yo adòpte vye tradisyon pou yo neglije Pawòl Bondye a. Nan menm lè sa tou, gen kèk fidèl ki revòlte, yo pa vle ditou bandonen anseyman apòt yo. Depi lè saa, gen moun ki fouryapòt ki pèsekite yo e yo menm touye kèk nan yo.

Fòk ou ta tande temwayaj yon malveyan yo rele, Rainero Trachoni pou li pale de kretyen nan peyi Vodwa a. Men sa li di : « Tout bon katolik kap rekonèt yo pou fè arete yo. Wap konnen yo nan fason yo pale ak nan kondit yo.

1. Yo menm se moun ki senp, yo pa nan pale ak moun. Yo pa mete abiyman chè, ni rad estravagan, ni mennen gran vi. De.22 :5
2. Si yo dwe w, yap peye w. Yo pap fè sèman ni twonpe moun. Mat. 5 :37
3. Yo pa nan goumen pou fè kòb. Yo kontante yo de sa yo genyen. Mak.10 : 23 ; 1Ti.6 : 6-8
4. Yo moun ki mennen vi dwat ; ou pap wè yo nan bal, nan tab jwèt ni kote moun ap bwè tafia. Jak.1 :20
5. Yo pap fè kolè fasil, yo toujou ap travay ou byen yap fè etid biblik antre yo. Ef. 5 : 19
6. Yo pa nan di mo sal, ni pawòl andaki. Ou pap tande yo ap di vye koze sou fiy, ni bay manti, ni jije moun mal. Kol.3 :8
7. Yo pa dakò ak beni simetyè ni legliz paske yo di se biznis a mon pè pou fè lajan.
8. Gen nan yo menm ki di ke batèm pa sove ti moun piti paske yo pa gen konprann pou yo kwè nan Jezikri. Mak. 16 :16
9. Yo menm di ke pè yo pa gen pouvwa pou padonen peche. Yo di pa gen pigatwa e priyè pou mò nou yo pa kapab mennen moun nan syèl. Jak.5 : 16 ; Ebre.9 :27
10. Yo di ke la Bib se yon liv fèmen, sèl Sentespri a ki kapab fè w konprann li. Tout la sent jounen, yo kole nan yon zafè li bib. Si la yo ki bòs yo pa gen tan pou yo al nan okenn plezi. Ni madanm, ni mouche, ata ti moun yo, yo fè menm bagay. Sòm.1 : 1-3
11. Nenpòt ti peyizan ki pa menm kon-n li kapab resite pou ou tout liv Jòb pa kè e gen kèk menm ki kap resite tout Nouvo Testaman pou ou. Sòm.119 : 11
12. Moun ki vin pèsekite kretyen yo di ak bouch yo ke tout sa yo aprann nan bib la se nan bouch kretyen sa yo ke yo vinn pèsekite a. Mat.5 : 16
13. Yo degize yo tankou se moun kap vann nan la ri pou yo al preche Levanjil.

Dapre tout ranseyman sa yo nou bay ou a, ou kapab rekonèt yo byen fasil pou al touye yo.

Pou fini

Eske se konsa sa ye jodia? Puiske jou Kris ap tounen an pi pre pase jou nou te kwè a, an nou bat pou nou pèsevere jouk nou kap tande dènye kout twompèt la. Wom.13:11

Kesyon

1. Ki sa Legliz te tounen apre konvèsyon Lanperè Konstanten?
   a. Legliz te vin monden, kòronpi, nan sèvi zidòl, li tap swiv fòs dotrin[1].
   b. Levèk vil Wòm nan te fòse moun yo swiv tradisyon pou yo mete pawòl Bondye a a kote.

2. Ki sa ki te pase kretyen yo ki pa te vle swiv tradisyon yo? Legliz katolik te pèsekite yo.

3. Koman yo te rele moun yo ki tap fè pèsekisyon yo nan tan saa? Fouryapòt.

4. Pouki sa? Paske yo poze w kesyon pou konnen si se kretyen ou ye pou yo pèsekite w.

5. Bay nou non yonn nou konnen? Rainero Trakoni

6. Dapre misye, ki jan ou kap konnen moun ki kretyen yo pou w sa pèsekite yo?
   a. Dapre kondit yo ak jan yo pale
   b. Dapre jan yo abiye senp
   c. Dapre jan yo konpòte yo

    d. Dapre jan yo onèt
    e. Dapre jan yo trankil, yo mennen yon vi apa, yo pa nan ro-y ro-y.
    f. Dapre jan yo moun senp
    g. Dapre devouman yo pou preche pawòl Bondye a
    h. Dapre jan yo fò nan Bib la

7. Ki sa nou konprann nan sa?
Kretyen sa yo te sensè.
Yo tap pare tout bon tann Jezi kap vini.

8. Ekri vèsè sa nou jwen nan. Jan.16 :2

Leson 10
Fèt Aksyon De Gras

Vèsè pou prepare leson an 2S.22 :4 ; Job.38 :4-7 ; Sòm.22 :4 ; 33 :1 ; 48 :2 ; 100 :4 ; Es.61 :3 ; Jan.3 :16 ; Tra.16 : 25-26 ; Ro.13 :14 ; Ep.2 :8 ; Hé.13 :15 ; 1Pi.1 :7
Vèsè pou li nan klas la : Sòm.118 :1-3
Vèsè pou resite : Seyè, m'ap di ou mèsi paske ou te koute m', paske se ou menm ki delivre m'. **Sòm.118 :21**
Fason pou fè leson an : Diskou, konparezon, kesyon
Bi leson an : Fè tout kretyen yo sonje pou yo montre rekonesans a Bondye ak yon ofrann ki koute yo.
Pou komanse
Lwe Letènèl ! Beni swa Letènèl! Se konsa pou tout pitit Bondye ta dwe bay Bondye glwa pou Sali yo ki gratis. Pouki sa?

I. **Bondye chita nan mitan lwanj.** Sòm.22 :4
   1. Nan syèl la : li te kreye zanj avan menm ke li te kreye tout linivè, pou yo te bay li glwa. Job.38 :4-7
   2. Sou tè a : Li dakò resevwa lwanj de moun ki mache dwat. Sòm.33 :1

II. **Tout moun vle bay li lwanj**. Sòm.48 : 2
   A) Pou sa ke li ye:
      a. Yo rele li El-Shaddai, Bondye Tou pisan an
      b. Yo rele li El Olam, Bondye ki la pou tout letènite a
   B) Pou sa ke li ye kant li parèt pou-l delivre nou
   C) Jehovah-Jire, Bondye ki bay nou tout sa nou bezwen
   D) Jehova-Sidkenu : Bondye ki bay nou jistis nou
   E) Jehova-Rafa : Bondye ki geri nou
   F) Jehova-Shamma: Letènèl bò isit la. Nou swaf prezans li.

III. **Li merite pou nou bay li glwa**.
   1. Paske li sove nou gratis. Jan.3 :16 ; Ep.2 :8
   2. Paske li fè gwo mirak pou nou.
   3. Paske li ba-y nou delivrans estraodinè.

a. Gade ki jan li chape David anba yon lanmò! Se sa ki fè-l chante glwa Bondye nan 2S.22 :4
b. Gade ki jan li delivre Pòl ak Silas anba lanmò sou poto ! Tra.16 : 26
Yo te tèlman konnen ke Bondye tap vi-n delivre yo, ke pandan yo jis nan fon chanb prizon an, y-ap ba-y Bondye glwa ak tout kè yo. Tra.16 :25
Bondye te santi-l oblije desann pou retire yo anba lanmò.

1. **Lwanj la ta dwe yon anmizman nan vi kretyen yo**
   Si w ta vle beni lè w vin legliz, olye ou chèche kote zanmi w chita pou w koze, pito w komanse ba-y Bondye lwanj. Sòm.100 :4
2. Avan w komanse adore-l, pito w komanse bay li lwanj.
3. Pito tout men yo leve byen wo pou di: Viv Letènèl! Viv waa ki merite glwa a

IV. **Kretyen yo ta dwe gen yon rad lwanj**. Eza. 61 :3
   Yon inifòm li la pou idantifye moun nan ki mete-l la. Konsa :
   1. Militè a, Polis yo, yo mete inifòm.
   2. Gen kèk biro, kèk konpayi swa piblik, swa prive, ki egzije moun mete inifòm.
   3. Moun kap sèvi lwa yo ak zanj rebèl yo, gen inifòm tou.
   4. Kretyen ki nan lame Kris la gen yon inifòm tou. Li pa fèt ak twal men li gen de piès:
      Tout dabò, yo abiye ak san Kris. Wom. 13 :14
      Rad sa fèt ak vi sen, la fwa, lanmou, jistis ak verite.
      Answit dezyèm pati rad la se lwanj. Koulè li se koulè jwa pou manifeste rekonesans nou a Bondye ki bay tout sa ki nesesè pou sove nou. Jan.3:16

IV. **An nou ofri Bondye yon lwanj ki koute nou.**
Ebr.13 : 15

Bay Bondye lwanj ak bouch nou pa sifi. Nou dwe bay li yon ofrann ki koute nou. Se kounyeya moun yo pran Fèt aksyon de gras la pou yon fèt lafanmi-y. Avan sa se te yon fèt pou bay lwanj, pou montre rekonesans nou a Bondye. Nan jou sa, ofrann pou Bondye a dwe depase depans ou fè pou bay fanmi-y ou ak zanmi w manje. Sinon, se fèt pa w ou tap fè.

1. Kan Bondye delivre nou nan gwo leprèv yo
2. Kan li louvri pòt pou bat nou pase
3. Kan li fè nou favè ke lòt moun te refize nou.1Pyè.1 :7
4. Kan li geri nou de maladi alòske doktè pat bay nou la vi,
   Pouki sa nou pa di ansanm ak David : « Map beni Letènèl pou tou tan, mwen pap sispann fè lwanj pou li nan bouch mwen. »

An nou lwe Letènèl ak tout nou menm, ak tout byen nou posede. An verite, Li merite sa.

Kesyon

1. Ki pi bon adrès pou nou jwen ak Bondye?
   Nan mitan lwanj

2. Ki lès nan syèl la ki bay li glwa? Zanj yo

3. Ki lès ki bay glwa sou tè a? Moun ki mache dwat

4. Pouki sa nou dwe bay li glwa?
   a. Pou sa li ye a:
   El-Shaddai, El Olam Bondye Pisan an, Bondye pou tout letènite a
   b. Pou sa li fè: tout lè li parèt pou reponn a sa nou bezwen

5. Sa lwanj pou Bondye ta dwe ye nan vi yon kretyen?
   Se tout anmizman li

6. Ki sa rad lwanj la vle di?
   Yon vi sen, yon vi de fwa ak lanmou, jistis ak verite.

7. Ki sa sakrifis lwanj la vle di?
   Yon gwo ofrann nou bay Bondye lè nou fin chante pou li.

8. Ki lè nou sitou bezwen pote ofrann saa?
   a. Apre yon gwo delivrans
   b. Apre gwo mirak li fè pou nou.
   c. Nou ta dwe fè-l tout tan

9. Ekri vèsè sa nou jwen nan Mal. 2 :2

Leson 11
Fèt LaBib

Tèks pou prepare leson an : Ge.3:15; 12:3; Jos.1:1-9; Sòm. 1:1-3; 119: 9,11,105; Pr.24:16; Es.65:25; Da.3:29; Mat. 16:17-18; Jan.8:36; 1Co.10:12; 11:32; 2Co.5:17; Ga.3:6-9, 16; Ep.3:9-10; 2Ti.3:16-17; Ja. 3:1; 4:5

Vèsè pou li nan klas la : 2Ti.3:14-17

Vèsè pou resite: Tou sa ki ekri nan Liv la, se nan Lespri Bondye a yo soti. Y'ap sèvi pou moutre moun verite a, pou konbat moun ki nan lerè, pou korije moun k'ap fè fòt, pou moutre yo ki jan pou yo viv byen devan Bondye. **2Ti.3: 16**

Fason pou fè leson an: Diskou, konparezon, kesyon

Bi leson an : Rekonèt Bib la tankou sèl otorite pou sa ki regade fwa nou ak fason pou nou konpòte.

Pou komanse

Jodia nap fete pi gran Liv la ki egziste a. Se nan syèl li soti. Se yon byen ki zero fòt, ki soti nan men moun nan ki gran nèt ale a. Se li ki kite-l nan men nou ki te peche a. Ki liv nan monn sa ki kap konpare a li menm?

I. Pa gen yonn menm
Nou tande pale de liv majik yo:
1. Titalbè, Grantalbè, Emanyèl Chòche, La Poulnwa, Dragon rouj , Lanj kondiktè. Yo tout bay lezòm pòt sou bagay sou tè a, sou fason pou w gen kontak ak Satanledyab
2. **Nou tande pale de liv lasyans yo.**
Yo tout bay nou pòt sou bagay latè kote lezòm ap dominen.
3. Se sèl Bib la ki pèmèt nou gen kominikasyon ak Bondye envizib la e ki montre nou chemen pou mennen nou nan syèl.

II. **An nou wè kote Bib la montre tout otorite-l**
 1. **Tout dabò pa sa Bondye di ki fèt.**
    « Li akonpli ak men li sa li di ak bouch li.»
    a. Pa egzanp: Li deklare ke pitit pitit fanm nan gen pou-l kraze tèt Satan. Jen.3 :15 ; Mat. 16 :17-18 ; Ef.3 :9-10
    Kretyen yo fè otorite sou Satan kan yo chase demon yo nan non Jezi.
    Mak.16 :16-17
    c. Bondye te deside ke Jezi ap soti nan ras Abraram. Se pa mwayen sa li di ke tout nasyon pral beni. Sa vle di, yo pran Levanjil Kris la nan tout peyi. Jen.12 :3; Gal.3 :6-9,16
 2. **Gras a repons a priyè nou yo.**
    Jezi pemèt nou sèvi ak non li tankou yon kat de kredi tankou yon chèk ki gen pwovizyon, tankou yon remèd, tankou yon tretman. Li sèvi nou tankou yon kle paspatou pou louvri tout pòt, pou fèmen menm pòt lanfè. Li pèmèt nou jwen travay, yon bon maryaj e tout kalite delivrans.
 3. **Pa manifestasyon Sentespri a**
    a. Nan delivrans apòt Pyè nan prizon an. Tra.12:10-11
    b. Nan delivrans Danyèl nan fòs lyon yo. Da.6 :
    c. Nan konvèsyon wa Nebikadneza. Da.3 :29

III. **Bib la se li sèl ki gid nou pou nou byen kondi tèt nou.** Sòm. 119 :9 ; 105, 11
 1. Pou nou gen yon vi ki dwat. Sòm.1:1-6
 2. Pou nou reyisi gras a fidelite nou a manje Pawòl la. Joz.1:1-9; Sòm.1: 1-3
    Lespri a Bondye mete nan nou an, se yon pati de limenm. Li konnen byen pwòp sa nou kap fè avè-l si nou itilize-l byen
    Se pou rezon sa Pòl di :
    a. Bondye fè jalou pou Lespri a li mete nan nou. Jak.4 :5

b. Sa pa anpeche ke menm moun nan ki jis la, li kap chite menm sèt fwa. Lap leve kan menm paske li pa pèdi lafwa. Pwo.24:16
Pouki sa?
c. Paske Bondye defann yo. Li pase yo nan eprèv, li kale yo tankou pitit li pou yo pa pase nan lo le monn nan. 1Ko.11:32
d. Pa gen moun ki two fò. Kan ou kwè ou fò, ou kap tonbe. Nou fè fòt tout jan. Nou pa gen fòs pou lite ak Satanledyab. Men ak Kris nap toujou pote viktwa. Wom. 8 :35 ; 1Ko.10:12; Jak.3:1

IV. **Bib la sèl otorite ki pou pote chanjman**.
Si yon moun nan Kris, li vrèman konvèti. Tout moun ka wè chanjman sa nan la vi w. 2Ko.5 :17
Ayè ou te febli devan fi-y ou gason, devan lajan, devan dwòg. Ou pa mal pou w goumen. Jodia, Jezi gen kontwòl vi ou ak destine w. Gal.2 :20
Kote bon Levanjil la ap preche, fòk gen lapè, pwogrè, la vi ak lanmou.

V. Bib la se sèl otorite pou bay ou libète. **Jan.8 :36**
Misyonè yo ale patou le monn pou sove pèp yo : Adoniram Judson ale nan Bimani,
1. David Livingston ale nan Sid Afrik la
2. William Carey ale nan peyi End,
3. Arthur Groves Wood ale an Haiti,
4. Jan Paton, Jan Jedi, John William ale preche nan peyi Tayiti pami moun ki manje moun tou kri.
Koute twemwayaj Jan Paton: Lèm rive nan peyi Melanezyen yo, pat gen yon kretyen. Lèm kite peyi saa pat gen menm yon payen.

Pou fini
Nou swate ke Bib la rete sèl otorite nan vi w, nan fanmiy ou ak nan biznis ou. Legliz ak sosyete a va benefisye-l.

Kesyon

1. Ki liv ki sifi pou fwa nou ak kondit nou? Bib la
2. Montre ke Bib la pa gen parey
   Ou pa kapab konpare-l ak vye liv majik yo
3. Pouki sa? Paske Bib li kondi nou kote Bondye, liv majik yo kondi nou kote Satanledyab.
3. Pouki sa nou pa kapab konpare Bib la ak liv syans yo ?
   paske liv syans yo louvri pòt pou nou sou bagay latè, men Bib la louvri pòt syèl la pou nou jwen Bondye.
4. Koman nou kap kwè nan otorite Bib la?
   Akòz pwomès Bondye fè nou ladan ki akonpli
   Bay nou de egzanp:
   a. Pisans Lespri Sen pou chase demon
   b. Tout repons Bondye bay a priyè nou.
   c. Ki jan nou kap bay prèv ke Bib la se li menm sèl ki endispansab pou fè edikasyon nou?
      a. Kant nap gade vi moral kretyen yo
      b. Kant nap gade jan yo reyisi nan la vi a gras a meditasyon pawòl la.
   d. Pouki sa Bondye pini fòt nou?
      Pou nou pa kondanen ansanm ak lemonn.
   e. Bay nou de misyonè e di nou ki kote yo te travay?
      a. Adoniram Judson nan Birmani
      b. Arthur Grove Wood an Ayiti

Leson 12
Vini Jezi sou tè saa bay anpil moun tèt cho

Tèks pou prepare leson an : Mat.2 :2-16 ; 3 :17 ; 13 :55 ; Lu.2 : 1-47 ;
Vèsè pou li nan klas la : Mat.2 :1-3
Vèsè pou resite : Benediksyon pou moun ki pa jwenn nan mwen okazyon pou tonbe nan peche.
Fason pou fè leson an : Diskou, konparezon, kesyon
Bi leson an : Pou nou wè ki tèt cho vini Kris bay anpil moun.

Pou komanse

Kan ou gen yon vizitè enpòtan wap resevwa, ou pa konnen kote pou w mete tèt ou. Sa depan de relasyon w ak moun nan. Eske nou konnen Jezi ki vini nan monn sa, kòz anpil moun gen tèt cho? Ki moun yo ye?

I. **Premye moun se te wa maj yo.**
   Yo gen tèt cho : Yo pa te kapab jwen kote Jezi fè la desann pou yo vin adore-l.
   1. Yap chèche Pitit Bondye ki fèk fèt la.
   2. Yo sot vwayaje plis ke 1500 kilomèt pou yo jwen li. Mat.2:2
   3. Jiska prezan se yon zetwal kap gide yo.

II. **Dezyèm moun se Ewòd**
   Li gen tèt cho: li vle jwen ti wa jwif la pou-l touye-l
   1. Ki jan pou yon ti wa kap leve la nan kanton li!
   2. Se menm yon menas pou twòn li. Mat.2:3
   3. Fòk li touye-l kan menm. Mat.2:16

III. **Twazyèm moun se frè Simeyon**
   Li te gen tèt cho : Li te vle wè Mèsi a avan-l mouri.
   Lik. 2: 29-32
   1. Li menm, li te yon jwif kap mache toutan nan legliz Jerizalèm. Lik.2: 25

2. Li te fè yon vizyon ke tan ke li poko wè Mesi a, li pap mouri. Lik.2:26
3. De tanzantan li ale nan tanp la paske dapre li, se la Mesi a ap parèt pou-l wè li ak de grenn zye-l. Lik.2:27
4. Men yon jou konsa, Jozèf ak Mari vinn nan tanp la pou prezante Jezi. Simeyon te la. Dapre sa Sentespri te fè-l konnen, li déjà wè se Mesi a. Li pran li mete sou bra-l e li beni-l. Lik.2: 34

IV. **Katriyèm moun yo se Mari ak Jozèf**
 Yo gen tèt cho sou ki fason yo pral elve yon ti moun se Bondye ki papa-l.
 1. Yon anj mande yo pou yo kouri ale nan Lejip paske Ewòd ap chèche touye-l.
 2. Yo elve-l dapre Lwa Jwif yo. Lik.2: 42
 3. Yo mennen-l nan vil Jerizalèm pou pase egzamen dotri-n. Lik.2:46-47
 4. Jozèf montre-l metye chapant. Mat.13:55
 5. Mari gen pou soufri akòz pitit saa. Lu. 2: 35

V. **Senkyèm moun se Bondye menm:**
 Bi li se : Sove tout pitit Adan gras a Jezi ki Mesi a. **Jan.3:16**
 1. Li voye yon lame soti nan syèl la pou asiste levènman an.
 2. Zanj yo pa kap preche, men yo vin bay bèje yo adrès kote Mesi a fè ladesann. Lu. 2: 8-12
 3. Nan jou batèm li, Bondye li menm fè-l fè konesans a tout moun ki te la. Mat. 3:17
 4. Avan yo krisifye-l, Moyiz vin renmèt Jezi regis Lalwa a. Pa gen zafè Lwa ankò.
 5. Eli menm vin renmèt dosye pwofèt yo paske tout bagay te preske fi-n akonpli. Mat.17: 1-3

6. Pou fini, se Bondye li menm ki pale depi anwo nan syèl la e li di : « Sila, se de grenn zye tèt mwen. Koute tout sa li di nou.». Misyon Moyiz ak Eli tou fini la. Kounyeya se Kris pou nou koute. Se sa ki te pwoblèm pa Bondye.

Pou fini

Jezi pral tounen. Ki sa ki ba-y ou tèt cho?

Kesyon

1. Ki sa ki te b-ay maj yo tèt cho?
   Jwen Pitit Bondye a pou yo adore-l.

2. Ki sa ki te bay Ewòd tèt cho?
   Jwen pitit Bondye a pou-l touye-l.

3. Ki sa ki te bay Simeyon tèt cho?
   Wè Mesi a ak de grenn zye-l avan-l mouri.

4. Ki pi gran privilèj li te genyen?
   Prezante Jezi o tanp e beni-l.

5. Ki sa ki te bay Jozèf ak Mari tèt cho?
   Fè elevasyon yon pitit ki Bondye

6. Ki sa ki te nan plan Bondye?
   Sakrifye pitit li pou sove tout pitit Adan yo

Lis vèjè yo

Leson 1
Nou menm zanj li yo ki vanyan, ki gen fòs, nou menm k'ap fè tou sa li mande nou fè, nou menm k'ap koute sa l'ap di nou, fè lwanj Seyè a!

Leson 2
Nou tout ki fè pati lame ki nan syèl la, nou tout k'ap sèvi l', k'ap fè volonte li, di Seyè a mèsi!

Leson 3
Elize reponn li: --Ou pa bezwen pè! Nou gen plis moun avèk nou pase yo. 2Wa.6 :16

Leson 4
Te gen mil milye moun la ki t'ap sèvi l'. Te gen dimil milyon moun kanpe la devan l'. Tribinal la te pare pou jijman an. Da.7 :10b

Leson 5
Mwen menm Jezi, mwen voye zanj mwen an pou anonse nou bagay sa yo nan legliz yo. Mwen soti nan ras David. Mwen se bèl zetwal k'ap klere chak maten an. Rev.22:`16

Leson 6
Kisa zanj Bondye yo ye menm? Yo tout se yonn bann lespri k'ap sèvi Bondye. Se Bondye menm ki voye yo pou ede moun ki la pou jwenn delivrans yo. Ebr.1 :14

Leson 7
Zanj Seyè a kanpe bò kote tout moun ki gen krentif pou li, pou pwoteje yo. Li delivre yo lè yo nan danje. Sòm.34 :8

Leson 8
Pa bliye moun ki te konn dirije nou yo, moun ki te fè nou konnen pawòl Bondye a. Egzaminen jan yo te viv, jan yo te mouri. Pran egzanp sou konfyans yo. Ebré.13 : 17

Leson 9
Mwen pa wont anonse bon nouvèl la: se pouvwa Bondye ki la pou delivre tout moun ki kwè, jwif yo an premye, apre yo moun lòt nasyon yo tou.. Wom.1 :16

Leson 10
Seyè, m'ap di ou mèsi paske ou te koute m', paske se ou menm ki delivre m'. Sòm.118 :21

Leson 11
Tou sa ki ekri nan Liv la, se nan Lespri Bondye a yo soti. Y'ap sèvi pou moutre moun verite a, pou konbat moun ki nan lerè, pou korije moun k'ap fè fòt, pou moutre yo ki jan pou yo viv byen devan Bondye. 2Ti.3: 16

Leson 12
Benediksyon pou moun ki pa jwenn nan mwen okazyon pou tonbe nan peche.

Lis sijè yo

Seri 1		4
Leson 1	Pouki sa mwen fè ti koze m apa ak Bondye	6
Leson 2	Se yon randevou nan gwo kote de 2 gwo mistè	8
Leson 3	Mouvman pou-l al jwen ak Bondye	11
Leson 4	Yon gwo konvèsasyon an sekrè ak Bondye	13
Leson 5	Kenbe fèm kan wap defann yon bon kòz	15
Leson 6	Yon telegram kant gen ijans	18
Leson 7	Se yon lit kap mennen andedan kè w	21
Leson 8	Se yon rèl pou di Bondye «Anmwe sekou»	24
Leson 9	Yon lekòl nan pye Senyè a	27
Leson 10	Se yon jeneratè kap bay gwo kouran	30
Leson 11	Ki sa ki te lakòz de gwo lidè te chite	32
Leson 12	Devosyon pèsonèl jouk ou vi-n klere tankou solè-y	36
Lis vèsè yo		38
Seri 2		41
Leson 1	Yon maryaj ki gate	42
Leson 2	Senk gwo komandman nan maryaj la	46
Leson 3	Yon ti bagay ki gen anpil valè	50
Leson 4	Sis bagay nou blije genyen nan yon maryaj	53
Leson 5	Yon patnè manfouben	57
Leson 6	Ka de yon mari ki pa gen tan pou madanm li	60
Leson 7	Yon patnè ki fouryapòt	64
Leson 8	Patnè ki pap pale menm	68
Leson 9	Yon patnè kap di w betiz	72
Leson 10	Patnè ki renmen goumen	76
Leson 11	Yon patnè kap twonpe lòt la	79
Leson 12	Maryaj ak yon moun ki pa konvèti	82
Lis vèsè yo		85
Seri 3		88
Leson 1	Pou ki rezon apòt Pòl te ekri lèt sa a kretyen nan peyi Galat	89
Leson 2	Levanjil pa nan demimezi	93
Leson 3	Diferans ant Lalwa ak Lagras	96
Leson 4	Lalwa ak Lagras (pou nou kontinye)	99
Leson 5	Gras la te la avan Lwa a	102
Leson 6	An nou konpare de (2) kontra yo	105
Leson 7	Sa se Nouvo Kontraa ki siyen ak san mwen	109

Leson 8	Koman lafwa a li manifèste.	112
Leson 9	Ki pozisyon Lwaa nan dispansasyon lagras la	115
Leson 10	Saba	119
Leson 11	Ki jan vi yon moun ki nan Kris ye	122
Leson 12	Sa nou rele fwi ki soti nan Sentèspri a	125
Lis vèsè yo		128
Seri 4		130
Leson 1	Zanj yo	132
Leson 2	Ki ran zanj yo genyen	135
Leson 3	Ki kantite zanj yo ye	138
Leson 4	Ki travay zanj yo fè nan pye Bondye	140
Leson 5	Ki wòl zanj yo bò kote Jezikri	142
Leson 6	Ki wòl zanj yo kote kretyen yo	145
Leson 7	Anj Letènèl la	148
Leson 8	Pastè, se Lanj Legliz la	151
Leson 9	Réfòmasyon	154
Leson 10	Fèt Aksyon De Gras	158
Leson 11	Fèt LaBib	162
Leson 12	Vini Jezi sou tè a bay anpil moun tèt cho	165
Lis vèjè yo		169

Ti detay sou vi Pastè Renaut Pierre-Louis

Pastè nan Legliz Batis Saint Raphael,	1969
Diplômen nan Teoloji nan Seminè Batis Limbe,	1970
Diplômen nan Lekòl kontablite Julien Craan	1972
Pwofesè Angle ak Panyòl nan Collège Pratique du Nord au Cap-Haitien,	1972
Pastè nan Premye Legliz Batis nan Cap-Haitien,	1972
Pastè nan Legliz Batis Redford, Cité Sainte Philomène,	1976
Diplômen nan Lekòl Avoka au Cap-Haitien	1979
Fondatè Collège Redford ak l'Ecole Professionnelle ESVOTEC,	1980
Pastè nan Legliz Batis Emmaüs à Fort Lauderdale	1994
Pastè nan Legliz Batis Péniel à Fort Lauderdale	1996

Pastè pandan karantsizan (46), Avoka, Poèt, Ekriven, Konpozitè Teyat, li jwe teyat
Jodia sèvitè Bondye sa pote pou nou « Dife Tou Limen Tribò e Babò a ». Se yon liv pou enstri nou. Li gen gwo koze nan teoloji ladan. Li déjà fè gwo chanjman nan fason pou anseye nan Lekòl Dimanch e nan fason pou nou prezante mesaj Pawòl Bondye a.
Pastè yo, predikatè yo, monitè yo, kretyen ki gen zye klere yo, tanpri, pran **Dife Tou Limen Tribò E Babò A**. Kan w fini, pase l bay yon lòt. 2 Tim. 2:2

www.ingramcontent.com/pod-product-compliance
Lightning Source LLC
Chambersburg PA
CBHW071623080526
44588CB00010B/1251